KB126739

강제동원&평화총서 - 감感·동動 10

조선인 강제동원 기업
- 일본제철㈜ 야하타제철소

강제동원&평화총서 – 감感·동動 10

조선인 강제동원 기업 – 일본제철㈜ 야하타제철소

초판 1쇄 발행 2022년 11월 20일

저　자 | 정혜경
발행인 | 윤관백
발행처 | 도서출판 선인

편　집 | 박애리
표　지 | 박애리
영　업 | 김현주

등　록 | 제5-77호(1998.11.4)
주　소 | 서울시 양천구 남부순환로48길 1, 1층
전　화 | 02)718-6252/6257　팩 스 | 02)718-6253
E-mail | sunin72@chol.com

정　가 6,000원
ISBN 979-11-6068-754-5 04900
ISBN 978-89-5933-636-4 (세트)

강제동원&평화총서 – 감感·동動 10

조선인 강제동원 기업
– 일본제철㈜ 야하타제철소

정혜경 저

[감동10 – 조선인 강제동원 기업 : 일본제철㈜ 야하타제철소]는

일본의 침략전쟁인 아시아태평양전쟁에 조선인을 동원한 강제
동원 기업의 하나인 야하타제철소의 실체를 정리한 책이다. 일본
제철㈜과 야하타제철소의 역사는 물론 침략전쟁에서 야하타제철
소의 역할을 명부와 피해자의 경험세계를 통해 알 수 있게 구성했
다. 이 책을 시작으로 조선인 강제동원 기업을 계속 소개할 생각
이다.

야하타제철소는 오랜 기간 일본제철㈜ 소속이었으나 일본 역사
상 두 번째로 설립한 제철소이자 근대국민국가 수립에 중요한 역
할을 한 곳이다. 그러므로 특정 기업 소속의 작은 자회사로 볼 수
없다.

1901년 관영야하타제철소로 조업을 시작해 아시아태평양전쟁
에 많은 조선인과 중국인, 연합군 포로를 동원했으며, 지금은 일
본제철㈜ 규슈(九州)제철소 소속으로 조업을 계속하고 있다.

야하타제철소가 아시아태평양전쟁을 수행하기 위해 동원한
조선인의 정확한 규모는 알 수 없다. 야하타제철소 측이 정확한
규모를 공개하지 않고 있기 때문이다. 다만 공탁금 문서를 통해
3,841명의 존재를 확인할 수 있다. 일본의 시민단체는 6천 명이
라 주장하기도 한다.

이같이 강제동원한 조선인의 숫자도 제대로 제시하지 않고 있는 야하타제철소는 2015년 7월 5일 세계문화유산이 되었다. 야하타제철소는 '메이지(明治) 일본의 산업혁명유산, 제철·제강·조선·석탄산업' 23개 시설지의 하나이자 일본이 아시아태평양전쟁 기간 중 조선인과 중국인·연합군 포로 등을 강제로 동원한 5개 시설지 중 한 곳이기도 하다. 2015년 세계문화유산 등재 당시 일본은 세계시민에게 '완전한 역사(full history)'를 이해할 수 있도록 해설 전략을 수립하기로 약속했다. 그러나 일본은 2022년 현재까지도 그 약속을 지키지 않고 있다.

[감동10 – 조선인 강제동원 기업 : 일본제철㈜ 야하타제철소]는

야하타제철소가 여전히 감추고 있는 강제동원의 역사를 드러내 한국 사회는 물론 세계시민이 완전한 역사를 공유하도록 돕는 길라잡이이다.

조선인 강제동원 기업
– 일본제철㈜ 야하타제철소

1. 일본제철㈜ 야하타(八幡)제철소, 세계유산의 영광 뒤에 숨은 민낯

〈그림 1〉 '메이지일본의 산업혁명유산' 중 강제동원 관련 시설지

2015년 7월 5일, 독일 본에서 열린 제39차 세계유산위원회 (WHC)는 일본이 신청한 '메이지[明治] 일본의 산업혁명유산, 제철·제강·조선·석탄산업(일명 메이지 일본의 산업혁명유산)'의 세계유산 등재를 결정했다. '메이지 일본의 산업혁명유산'은 총 23개 시설지로 구성되어 있다. 23개 시설지 가운데 4개 기업, 5개 시설지는 일본이 아시아태평양전쟁 기간 중조선인과 중국인·연합군 포로 등을 강제로 동원한 현장이다. 그러나 일본은 침략전쟁 당시 강제동원 현장이었다는 역사는 감춘 채 '메이지 시기에 일본의 찬란한 산업혁명 현장'으로 포장해서 등재 신청을 했다.[1]

2015년 2월, 이코모스[ICOMOS(International Council on

---

1) 23개 시설지 개요는 부록 참조

Monuments and Sites, 국제기념물유적협의회)]가 '메이지 일본의 산업혁명
유산' 신청 후보지를 심사하면서 세계유산 등재 조건으로 '완전
한 역사를 기술하라'는 '권고'를 제시했으나 일본 측은 크게 개의
치 않는 듯 보였다. 이코모스는 민간기구이지만 유네스코 세계
유산 등재를 신청한 유적을 조사·평가해 세계유산위원회에 의
견서를 제출하는 세계유산위원회 자문기구이다. 그러므로 이코
모스 결정은 매우 중요하다. 그런데도 일본 측은 반영하는 노력
을 보이지 않은 것이다.

그런 이유로 '메이지 일본의 산업혁명유산'이 세계유산이 되
는 과정은 순탄치 않았다. 강제동원 피해자의 해당 국가들이 문
제를 제기했기 때문이다. 해당 국가 가운데 가장 적극적으로 나
선 국가는 한국이었다. 피해국가의 하나인 중국도 방관하지 않
았다. 처음에는 한·중·일 3국의 감정싸움으로 오해하는 유네
스코 회원국도 있었다. 그러나 한국이 연합군 포로도 동원했음
을 널리 알리면서 유럽 국가들도 나서기 시작했다.

주한 네덜란드 대사관은 홈페이지를 통해 '일본산업혁명유산
등재 신청지역의 연합군 포로 피해상황'을 공개했다. 유네스코
회원국들도 점차 '한일 간 감정싸움이 아니라 평화와 인권이라
는 인류 보편적 가치에 반(反)하는지 여부가 문제'라는 점을 인식
하기 시작했다.

일본 등재 신청 산업시설 관련 네덜란드 피해

2015.4.30 주네덜란드대사관

등재신청서상 구역	구체 산업시설 (관련 포로수용소)	전쟁포로	네덜란드인 사망자
A6 Nagasaki	Mitsubishi #3 Dry Dock (Fukuoka #14)	195명 (네덜란드 152명, 호주 24명, 영국 19명)	97
A7 Miike	Miike Coal Mine (Fukuoka #17)	1,737명 (미국 730명, 호주 420명, 네덜란드 332명, 영국 250명, 기타 5명)	41
A8 Yawata	The Imperial Steel Works (Fukuoka #3)	1,195명 (미국 616명, 네덜란드 211명, 영국 193명, 인도 132명, 중국 22명, 기타 21명)	50

※출처 1) http://www.powresearch.jp(일본 사이트)
2) http://srs.ogs.nl(네덜란드 사이트)

〈그림 2〉 주한 네덜란드 대사관이 홈페이지에 올린 연합군 포로 피해실태

결국 일본은 제39차 세계유산위원회 결정문을 준수하겠노라고 공식적으로 약속을 하고 세계유산에 등재할 수 있었다. 세계유산위원회의 결정문은 5개 시설지가 강제동원의 역사를 가진 곳이라는 점을 반영해 '완전한 역사(full history)'를 이해할 수 있도록 해석전략을 준비하라는 내용이었다. 그러나 이후 일본은 이 약속을 지키지 않다가 2021년 7월에 열린 제41차 세계유산위원회에서 다시 철퇴를 맞았다. 세계유산위원회가 결의문을 통해 개선을 요구한 것이다. 그러나 일본 측은 여전히 아무런 개선 노력을 보이지 않고 있다.

이같이 일본이 세계유산위원회 석상에서 단단히 약속했으면서도 2022년말까지 지키지 않고 있는 '메이지 일본의 산업혁명 유산' 강제 동원 관련 5개 시설지에 일본제철㈜ 야하타(八幡)제철소가 포함되어 있다. 세계유산의 영광 뒤에 숨어서 세계 시민과 했던 약속은 모른 척하는 곳, 바로 야하타제철소의 민낯이다.

2. 일본제철과 야하타제철소

1) 일본제철의 역사

일본의 제철소는 1853년 미국의 페리(Perry. Matthew Calbraith) 제독이 몰고 온 흑선의 위세에 눌려 1854년 개국한 직후 근대 국민국가 수립 및 대외침략의 과정에서 탄생했다. 군함 건조를 하기 위해서는 철강과 근대식 제강업 기술이 필요했기 때문이다. 일본은 이를 위해 메이지(明治)유신 직후부터 가마이시(釜石) 부근에 철광석을 확보하기 위해 광산을 개광했고, 1875년부터는 제철소 건립에 나섰다. 출발점은 1875년 공부성(工部省), 해군성, 육군성 등 3성이 관영 제강소 설립 품청(稟請)을 하면서부터였다. 이 시도는 이루어지지 않아 1880년에 다시 품청을 했으나 여전히 실현되지 못했다. 그러자 1891년 노로 카게요시(野呂景義, 야금학자, 수상 위촉)가 소관 부처를 3성에서 해군성으로 변경해 같은 해 해군제강소안을 의회에 제출했다. 해군제강소안은 부결되었으나 1896년 의회에서 농상무성 소관 제철소 창립안을 통과하면서 관영제철소 설립의 토대를 닦았다.[2] 이렇게 해서 탄생한 제철소가 1901년 조업을 시작한 야하타제철소였다.

이후 일본과 조선, 만주에 여러 민간 제철소가 세워지자, 일본 정부는 이들 제철소를 합병할 필요성을 강하게 느꼈다. 제철은 국가의 기간산업으로서 중요성이 매우 높았기 때문이다. 1901년 야하타제철소가 조업을 시작했으나 당시 일본은 후발자본주의 국

---

2) 清水憲一·松尾宗次,「創立期の官營八幡製鐵所」,『八幡製鐵所の研究』, 日本經濟評論社, 2003, 103~104쪽.

가였으므로 민간자본이 철강업을 자생적으로 발전시키기는 불가
능에 가까웠다. 그러나 이후 일본이 러일전쟁을 일으키고 제1
차 세계대전에 참전하면서 군수산업에서 철강업의 중요성은 매
우 높아졌다. 이러한 흐름에 따라 민간철강기업이 설립되기 시
작했다. 현재 일본의 주요한 철강회사는 대부분 이 시기에 설립
되었다.

그러나 이 시기에 설립한 민간철강기업은 대부분 중소규모
였다. 야하타제철소처럼 제철의 모든 공정을 거쳐 제품을 생산
할 수 있는 선강(銑鋼)일관체제를 갖춘 곳은 1912년에 설립한 일
본강관(日本鋼管, NKK)에 불과했다. 선강일관체제를 갖춘 제철소란
철광석에서 철을 채취해 강판(鋼板), 강관(鋼管), 형강(形鋼), 봉강(棒
鋼), 아연철판(亞鉛鉄板) 등 최종 제품을 만들어내는 제철공장이다.
그 외 대부분은 평노(平炉, Open Hearth furnace. 강철을 만드는 반사로의 일종)
와 단압(単圧, 반제품 강판을 선강일관체제 제철소로부터 구입해 최종 제품으로 손질해서
제품화) 등 일부 공정만을 감당하는 정도였다. 여기에 제1차 세계
대전 이후 장기 불황에 따라 민간제철기업은 운영이 어려운 지
경에 이르렀다.

그러자 일본 정부는 중소규모의 철강기업을 합병해 군수와
민수를 감당하도록 하고자 통합에 나섰다. 일본 정부가 일본과
조선 및 만주의 제철소를 합병하려는 노력은 이미 1920년대 초
부터 시작되었다. 1924년 10월 19일자 『시대일보』 기사 「일본
제철통일 점점 구체화」는 다카하시(高橋) 농무상(農相)이 일본 내 제
철회사의 합동을 위해 노력하고 있음을 알려주는 기사다.

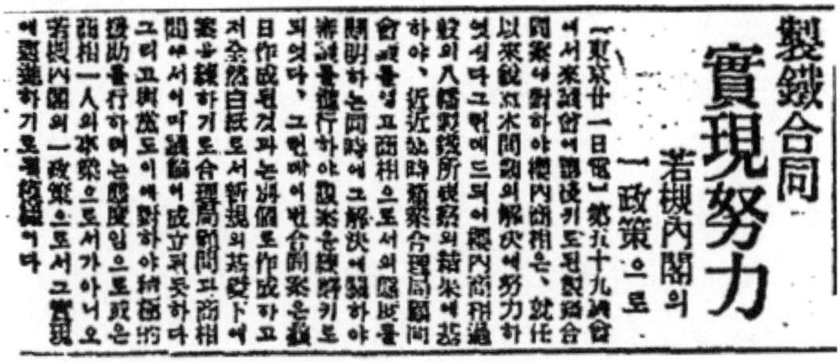
製鐵合同 實現努力

若槻內閣의 一政策으로

〈그림 3〉『매일신보』 1931년 6월 23일

그 후 제철회사 통일 관련 기사는 나타나지 않다가 1930년대 초에 다시 나타난다. 1931년 6월 23일 『매일신보』는 동경발 기사를 보도했는데, 와카쓰키(若槻) 내각이 '제철합동실현을 정책으로 수립하고 노력 중'이라는 내용이었다. 당시 일본 내각은 제59회 제국의회에 제철합동 관련 법안을 제출하고자 준비중이었다. 그러나 1931년 6월에도 여전히 제철업의 통합은 이루어지지 못했다. 1932년 당시 일본 국내의 제철·제강 기업은 38개소였다.

일본 정부는 1930년부터 본격적으로 통합을 시도했으나 정부 내부에서도 의견의 일치를 보지 못했다. 그러다가 1931년 9월 육군 군부가 만주를 침략하는 만주사변이 일어나자 제철업 통합안은 새로운 국면을 맞게 되었다. 여기에 그 해 12월 일본이 금본위제에서 이탈하면서 1932년 6월 선철(銑鐵) 관세가 대폭 인상되는 등 일본 철강업에 분 바람은 잠잠해질 줄 몰랐다. 이러한 상황에서 일본 정부는 진전을 보이지 못하던 제철업 합동 방안을 다시 작성해 추진에 나섰다. 그 결과 탄생한 것이 1934년 일본제철주식회사였다.

일본제철㈜는 1933년 제64회 제국의회에서 통과한 일본제철주식회사법을 근거로 탄생했다. 일본제철주식회사법은 1933년 4월 6일 법률 제47호로 제정 공포되어 1950년 8월 5일 법률 제240호로 폐지된 법이다. 제정 후 폐지에 이르기까지 총 4회 개정을 거쳤다. 법조문은 총 32개조인데, 제1조에서 "일본의 제철사업 확립을 도모하기 위해 정부 기타 제철사업자의 제철사업을 기초로 설립"한다고 밝혔다. 제2조에서는 일본제철㈜가 "철강 제조 및 판매에 관한 사업"을 담당하며, "주무대신의 인가를 얻어"야 한다고 명시했다. 또한 일본제철㈜은 "정부, 공공단체, 제국신민, 제국법령에 따라 설립한 법인"으로써, 의결권의 과반수는 외국인이나 외국 법인에 속할 수 없도록 했다.(제3조) 일본 정부는 주식의 50% 이상을 소유하며, 정부가 감리관을 두고 업무를 감독하도록 했다.(제5조~제7조) 주무대신은 언제든 필요한 경우에는 회사에 군사상 또는 공익상 명령을할 수 있으며, 처분과 해산도 명할 수 있도록 규정했다.(제8조~제10조) 이같이 일본제철㈜는 정부의 의지로 탄생한 기업이자 일본 정부가 주무대신을 두고 직접 관리하는 반관반민의 기업이었다.

일본제철주식회사법에 따라 야하타제철소(관영), 가마이시(釜石)제철소, 와니시(輪西)제철소(이상 미쓰이三井계), 조선겸이포제철소(미쓰비시三菱계), 규슈(九州)제철소(야스다安山계), 후지(富士)제강소(시부사와涉澤계) 등이 합병해 일본제철㈜를 설립했다. 1936년에는 그간 야하타제철소가 위임경영하던 도요(東洋)제철소와 오사카(大阪)제철소도 합병하면서 일본제철(㈜)는 일본 국내 최대의 철강 트러스트가 되었다. 일본제철(㈜)는 설립 직후 일본 국내 선철(銑鐵)의 97%, 조강(粗鋼) 58%를 담당했다. 1938년 일본 정부가 상공성 내에 철강수급계획의 최고결의기관이자 통제기관인 철강통제협의회를 설치할 때 일본제철(㈜)의 사장과 부사장이 각각 회장과 부회장으로 영향력을 행사했다.

이같이 일본제철(㈜)는 당시 일본 국내 최강 기업이었다. 일본 상공성이 조사한 자료에서 1932년을 기준으로 보면, 일본의 선철 생산액은 룩셈부르크에 이어 세계 8위에, 철강 생산액은 벨기에에 이어 7위에 이르렀다.[3] 그러나 합병 후 경쟁국을 기준으로 살펴보면 초라한 성적표에 그쳤다. 원래 합병 자체가 장기 불황에 시달리던 민간기업의 구제책이었고, 일본제철(㈜) 자체도 사실상 반관반민의 기업이었으므로 발전 속도는 선진자본주의 국가에 비해 늦은 편이었다. 1942년 선철 426만톤, 조강 765만톤으로 최고 생산량을 기록했다. 그러나 1943년 미국의 조강 생산량은 8,059만톤이었고, 같은 시기 독일과 영국도 각각 2,076만톤과 1,324만톤이었다.

설립 당시 일본제철(㈜)가 거느린 여러 제철소 가운데 하나는 조선에 있었던 겸이포제철소였다. 1913년 1월 10일자 『매일신보』 사설에 의하면, 미쓰비시(三菱)가 조선에 광업에 착안한 것은 1906년이었고, 1913년에는 광석채굴과 수질, 운반의 편리

---

3) 상공성 광산국 편, 『製鐵業參考資料』, 일본철강협회, 1933, 110~114쪽.

등을 들어 황해도 겸이포에 제철소를 설치하려고 계획 중이었다. 설립 시기는 1917년이었다.

〈그림 4〉『매일신보』 1913년 1월 10일

1936년에 당국이 합병을 단행한 이유는 정부 감독 아래 강력한 합동회사의 독점적인 지위를 이용해 제철업자와 제강업자 간 대립 관계를 없애고, 제강업의 확고한 기초를 확립하기 위해서였다. 그러나 합동 과정에서 고베(神戸)제강을 비롯한 재벌계 제강회사가 합병을 거부해 당국의 목적은 완전히 실현되지 못했다. 그런데도 1937년 중일전쟁의 발발 이후 일본제철㈜는 용광로를 증설하고, 강판공장을 완성하는 등 시설을 확대했다.[4]

일본 패전 당시 일본제철㈜는 일본 국내에 9개소, 조선에 5개소, 인도네시아와 남사할린 3개소 등 총 17개소의 제철소·각종 공장·선박회사·탄광(직영) 등을 운영하고 있었다. 그 외에 수십 개소의 탄광을 자회사인 닛테쓰(日鐵)광업㈜ 소속으로 운영했다.

---

4) 古庄正, 「日本製鐵株式會社の朝鮮人强制連行と戰後處理」, 『駒澤대학 경제학논집』 25-1, 1993, 4~5쪽.

<표 1> 1945년 8월 당시 일본제철㈜ 소속 회사

지역	세부 주소			이름	직종	근거자료 및 연혁	현 소속
	도부현	시군부	구				
일본	–	–	–	일본제철 해운부문	선박 회사	노무자공탁금자료	닛테쓰(日鐵)汽船 ㈜/新日本製鐵㈜ (NIPPON STEEL CORPORATION)/ NSユナイテッド海運㈜ (NS UNITED KAIUN KAISHA, LTD.)
	福岡縣	北九州市	八幡區	야하타 제철소	제철소	노무자공탁금자료, 자산철, 현황표, 조선인노동자에 관한 조사결과	日本製鐵㈜ (NIPPON STEEL CORPORATION)
	大阪府	大阪市	大正區	오사카 (大阪)공장	제철소	노무자공탁금자료, 자산철, 현황표	
	兵庫縣	姫路市	廣畑區	히로하타 (廣畑)제철소	제철소	노무자공탁금자료, 자산철, 현황표, 조선인 노동자에 관한 조사결과	
	兵庫縣	赤穗市	赤穗町	히로하타·아카호(赤穗)노재(炉材)공장	기계 제작	자산철, 현황표	
	兵庫縣	高砂市	–	다카사고 (高砂)공장	제철소	–	
	岩手縣	釜石市	–	가마이시 (釜石)제철소	제철소	노무자공탁금자료, 자산철, 현황표	
	神奈川縣	川崎市	川崎區	후지(富士) 제강소	제철소	–	
	北海道	室蘭市	–	와니시(輪西) 제철소	제철소	–	
조선	함북	청진부	서송향정	청진제철소	제철소	1939 설치 기공식 1940 항만 설비 개항식 1941 청년훈련소 설치 1942 조업 개시	–
	함북	청진부	서송향정	청진제철소 화학공장	화학	1943 타르공장 가동 1945 황산공장 완성	–
	황해	황주군	겸이포읍	겸이포 (兼二浦) 제철소	제철소	1917 미쓰비시제철 ㈜ 설립 1922 제1차대전 여파로 제강공장작업 중지 1934 일본제철㈜ 합병	–

지역	세부 주소			이름	직종	근거자료 및 연혁	현 소속
	도부현	시군부	구				
조선	황해	황주군	겸이포읍	겸이포제철소 공작공장	기계 기구	1917 미쓰비시제철 ㈜ 분공장으로 설립 1934 일본제철㈜ 합병 일본 해군성 해군 함정본부, 선박용 강재생산공장으로 지정(일본 甲조선) 하고 강재감독관을 파견해 생산 통제	-
	황해	황주군	겸이포읍	겸이포제철소 화학공장	화학	1917 미쓰비시제철 ㈜ 설립 1934 일본제철㈜ 합병	-
인도 네시아	보르 네오	발릭파판	-	공장	-	말레이 방면을 대상 으로 기업 활동	-
남 사할린	시스카 (敷香)	泊岸村	-	도리기시 (泊岸)탄광	탄광	1939년부터 일본 제철㈜와 소속 기업 인 닛테쓰(日鐵)광 업 운영	-
	에스토르 (恵須 取)	名好村	-	안베쓰(安別) 탄광	탄광	1911년 개광 1935년 일본제철 ㈜ 운영	-

* 현황표 : 미불금 현황표/ 자산철 : 조선인 재일자산조사보고서철
〈근거 자료〉노무자공탁금자료; 조선인노무자에 관한 조사결과; 일본 공문서관 소장『조선인 재일 자산조사보고서철』; 일본 공문서관 소장,『미불금현황표 – 경제협력 한국105 조선인에 대한 임금 미불채무조』;『광산명감』(1940); 국무총리 소속 대일항쟁기 강제동원피해조사 및 국외강제동원희 생자 등 지원위원회,『활동결과보고서』(2016); 정혜경 조사자료

    닛테쓰광업㈜는 일본제철㈜ 소속 제철소 운영에 반드시 필요
한 쌍두마차였다. 남사할린을 제외한 제국 일본 영역에 탄광과
광산을 운영하며 철광석과 제철소 운영에 필요한 석탄을 조달했
기 때문이다.

    닛테쓰광업㈜의 역사는 야하타제철소와 뗄 수 없는 관계에서
출발했다. 1899년 12월 관영 야하타제철소의 원료부문으로서
코크스 원료와 일반원료를 조달할 목적으로 후쿠오카현(福岡県)
가호군(嘉穂郡) 후타세마치(二瀬村)에 야하타제철소 소속으로 후타세

출장소를 개설했기 때문이다.

1934년 야하타제철소를 중심으로 민간제철 5개사의 현물출자로 일본제철㈜을 세울 때 후타세출장소의 소속도 일본제철㈜이 되었는데, 이름을 제철소 후타세출장소에서 후타세광업소로 변경했다. 1939년 일본제철㈜ 광산부문에서 독립해 닛테쓰(日鐵)광업㈜를 설립할 때, 후타세광업소와 가마이시(釜石)광업소,굿창(具知安)광업소,아카타니(赤谷)광업소 등 당시 일본 국내의 대표적인 광업소를 포괄했다.

후타세의 석탄산업으로 출발한 닛테쓰광업㈜의 주력은 금속광산이었다. 대표적인 광산은 가마이시광업소이다. 가마이시제철소에 철광석을 제공하던 가마이시광업소는 미쓰이광산㈜ 소속이었다가 닛테쓰광업㈜ 소속이 되었다. 가마이시는 1857년 12월 광산학자였던 남부번의 오시마 다카토(大島高任)가 일본 최초로 서양식 고로(高炉)를 이용한 철광석 제련 추출에 성공하면서 제철업의 발상지가 되었다. 가마이시와 함께 니가타현의 아카타니와 홋카이도의 철광산이 닛테쓰광업㈜의 주력 광산이었다. 전후에도 이들 광산은 후쿠시마현의 야구키(八茎)광산과 함께 닛테쓰광업㈜의 핵심 광산으로 자리했다.

일본의 침략 전쟁기간 중 일본제철㈜에 철광석과 석탄 등 산출품을 제공하던 닛테쓰광업㈜는 일본 패전 후 해외자산을 잃고 제한회사령과 과도경제력집중배제법 지정에 따라 경영 위기에 직면했으나 회사분할은 면했다. 이후 일본의 고도경제성장기에 석탄산업이 쇠락의 길에 접어들었다. 그러나 당시 석탄은 주요

에너지자원이었으므로 1957년에 닛테쓰광업㈜는 설립 이후 가장 많은 생산량을 낼 정도로 번성했다. 1960년대에 석탄을 석유로 대체하는 시기를 맞아 석탄부문의 실적이 저조해지자 소속 탄광을 점차 폐산하고 1972년 이오지마(伊王島)광업소의 폐산을 끝으로 석탄산업은 문을 닫고 금속부문에 자리를 넘겨주었다. 이후 1970년대에 금속광산의 광량이 고갈되고, 불황이 이어지자 금속부문도 축소하고 경영의 중심을 비금속부문으로 옮겼다. 2013년 현재 닛테쓰광업㈜는 직할과 자회사를 포함해 7개 탄광산을 소유하고 있다.

일제강점기에 닛테쓰광업㈜가 조선과 일본에 설립한 탄광·광산·채석소·제련소는 조선이 5개소, 일본이 34개소 등 총 39개소였다.

〈표 2〉 1945년 8월 당시 닛테쓰광업㈜ 소속 회사

| 지역 | 세부 주소 | | | 이름 | 직종 | 근거자료 및 생산품, 연혁 | 현 소속 |
	도부현	시군부	구				
일본	岡山縣	新見市	石蟹郷村	이쿠라(井倉) 채석소	광산	자산철,현황표/ 석회석	日鐵광업㈜ [Nittetsu Mining Co., Ltd.]
	兵庫縣	多紀郡	奧畑	하타(畑)채석소	광산	조선인노동자에관한조사 결과/ 규석,쇄석(암석)	
	福岡縣	山田市	-	야마다(山田) 탄광	탄광	석탄	
		嘉穗郡/飯塚市	穗波村	후타세(二瀬) 광업소	광산	석탄	
		嘉穗郡/飯塚市	穗波村	후타세광업소 소속 가호(嘉穗)탄광	탄광	석탄	
		遠賀郡	-	후타세광업소 소속 다카오 (高雄)탄광	탄광	석탄	
		嘉穗郡	潤野村	후타세광업소 소속 우루노 (潤野)탄광	탄광	석탄	

지역	세부 주소			이름	직종	근거자료 및 생산품, 연혁	현 소속
	도부현	시군부	구				
일본	福島縣	嘉穂郡	稲築町	후타세광업소 소속 이나쓰키(稲築)탄광	탄광	석탄	
		いわき市	–	야구키(八茎)광산	광산	석회석, 활석, 텅스텐, 황화 구리, 황화철	
	北海道	虻田郡	喜茂別町	가미키모베쓰(上喜茂別)광산	광산	철광석,비소	
		虻田郡	京極町	굿창(俱知安)광산	광산	황철석	
		有珠郡	大滝村	도쿠슌베쓰(德舜瞥)광산	광산	철,황화수은	
		白老郡	白老町	시라오이(白老)광산	광산	황화수은	
		虻田郡	京極町	아부타(虻田)광산	광산	황철석	
		山越郡	八雲町/長万部町	야쿠모(八雲)광산	광산	–	
		空知郡	南富良野町	히가시시카고에(東鹿越)광산	광산		
	新潟縣	北魚沼郡	小出町(入廣瀬村)	이리히로세(入廣瀬)광산	광산	구리	
		北蒲原郡	東赤谷村	아카타니(赤谷)광산	광산	구리, 철, 아연, 납,석회석	
	岩手縣	釜石市	大字釜石	가마이시(釜石)광산	광산	철, 구리, 석회석, 대리석, 천연수	
		和賀郡	湯田町	아카이시(赤石)광산	광산		
	長崎縣	北松浦郡	鹿町町	시카마치(鹿町)탄광	탄광	석탄(강점결탄)	
		北松浦郡	小佐々町	기타마쓰(北松)광업소 야타케(矢岳)광	탄광	노무자공탁금자료, 현황표/ 석탄(강점결탄)	
		北松浦郡	佐々町	기타마쓰(北松)광업소 고다(神田)광	탄광	노무자공탁금자료, 현황표/ 석탄	
		北松浦郡	吉井町	기타마쓰(北松)광업소 미하시(御橋)광	탄광	노무자공탁금자료, 현황표/ 석탄	
		佐世保市/北松浦郡	–	유노키(柚木)탄광	탄광	석탄	
		西彼杵郡	伊王島村	이오지마(伊王島)탄광	탄광	석탄	
		北松浦郡	調川町	쓰키노카와(調川)광업소	광산	–	
		宗像市	池野村	이케노(池野)탄광	탄광	석탄	
		北松浦郡	吉井町	요시이(吉井)탄광	탄광	석탄	

지역	세부 주소			이름	직종	근거자료 및 생산품, 연혁	현 소속
	도부현	시군부	구				
일본	長崎縣	北松浦郡	鹿町町	오가세(大加瀬)탄광	탄광	석탄	
	鳥取縣	日野郡	日南町	와카마쓰(若松)광산	광산	크롬	
		日野郡	日南町	히노카미(日野上)광산	광산	크롬	
	青森縣	下北郡	東通村	시리야(尻屋)광산	광산	석회석, 도로마이트, 황화철	
	栃木縣	安蘇郡	葛生町	아이자와(會澤)광산	광산	석회석	
조선	평남	개천/안주군	중서, 북, 개천, 중남면/안주군 운곡, 운용면	개천(价川)철산	광산	1910 허가 1912 미쓰이(三井)광산㈜ 양도 1918 북해도제철㈜ 소유 1920 일본제강소㈜ 소유 1929 조선철산㈜ 소유 1931.1 착수, 日鐵광업 소유. 철광석 생산	-
	황해	서흥/재령군	재령군 하성면 대청리/상성면/서흥군 매양면	미쓰비시(三菱)하성(下聖)철산	광산	1913 三菱(合資) 허가 취득 1918 미쓰비시제철㈜소유 1930 하성형석철산 등록 허가 1935 미쓰비시광업 인수. 철,아연,형석 산출 1931 미쓰비시제철㈜이 갱구를 늘림 1939 日鐵광업㈜ 인수, 미쓰비시광업 위탁 경영. 1944년 산출량 50만톤	-
	황해	은율군	북부면 금산리/이도면	은율(殷栗)철산[광산]	광산	1910년 개광. 철광석 산출	-
	황해	재령군	삼강면 금산리/하성면/재령읍	재령(載寧)철산	광산	1907 궁내부 소관. 야하타제철소 납품 1910 일본정부이양(상공성 소관). 미쓰비시제철㈜에 채굴권 위임 1939 日鐵광업㈜인수, 미쓰비시광업 위탁 경영	-
	함남	흥남부	흥남읍	흥남제련소	정련소	1933 건설. 조선광업개발㈜ 소속 1939 日鐵광업개발㈜로 소속 변경	-

* 현황표 : 미불금 현황표/ 자산철 : 조선인 재일자산조사보고서철
〈근거 자료〉노무자공탁금자료; 조선인노무자에 관한 조사결과; 일본 공문서관 소장 『조선인 재일자산조사보고서철』; 일본 공문서관 소장, 『미불금현황표 - 경제협력 한국105 조선인에 대한 임금미불채무조』; 『광산명감』(1940); 국무총리 소속 대일항쟁기 강제동원피해조사 및 국외강제동원희생자 등 지원위원회, 『활동결과보고서』(2016); 정혜경 조사자료

일본제철㈜은 1947년 7월 3일 연합국 최고사령관 총사령부(The Supreme Commander for the Allied Powers; SCAP. 일명 General Headquarters; GHQ)가 일본 정부에 각서를 내려 미쓰비시 등 지주회사에 대해 해체를 지시한 후 후속 조치로 1950년 8월 5일 법률 제240호로 일본제철주식회사법을 폐지함에 따라 해체되었다. 그러나 일본제철㈜의 폐지와 함께 소속 제철소가 폐지된 것은 아니었다. 1950년 폐지 당시 야하타제철소㈜, 후지(富士)제철㈜로 각각 발족했기 때문이다. 이 때 후지제철은 무로란·가마이시와 히로하타 제철소, 가와사키 제강소를 자회사로 두었다.

이후 야하타제철소는 1955년 히카리(光)제철소를 설치하고, 1958년과 1961년, 1965년, 1968년에 계속 제철소를 설치하거나 강관회사를 합병했다. 후지제철도 1958년 공동 출자로 도카이(東海)제철을 창립하고 1967년에는 후지제철과 도카이제철이 나고야제철소㈜로 합병 개칭했다.

그러나 야하타와 나고야라는 두 제철소 체제는 오래 가지 않았다. 1970년 야하타제철과 후지제철을 합병해 신일본제철㈜를 발족했기 때문이다. 2012년 10월 신일본제철은 주식교환에 따라 스미토모금속공업(住友金属工業)을 완전 자(子)회사하고 흡수합병한 후 상호를 '신닛테쓰스미킨(新日鐵住金)㈜'으로 변경했으나, 2019년 4월 1일 일본제철㈜로 다시 상호를 변경했다.

2022년 현재 일본제철㈜의 사업 영역은 제철사업과 엔지니어링 사업(닛테쓰日鐵엔지니어링주식회사), 케미컬 머터리얼 사업(닛테쓰케미컬머터리얼주식회사), 시스템 솔루션 사업(닛테쓰솔루션주식회사) 등 4개 사업이다.

이 가운데 소속 제철소는 크게 북일본제철소(무로란室蘭과 가마이시釜石 지구 운영), 동일본제철소(이바라키茨城현 가시마鹿島지구와 지바千葉현 기미쓰君津지구, 니가타新潟현 나오에쓰直江津지구 운영), 나고야제철소, 관서제철소(와카야마和歌山지구 3개소, 제강소지구 2개소, 아마가사키尼崎지구), 세토나이(瀬戸内)제철소(히로하타廣畑지구, 구레吳지구 2개소, 한신阪神지구 5개소), 규슈제철소(야하타지구, 오이타大分지구) 등 총 6개 제철소, 13지구 소속 총 22개 제철소와 제강소이다.

2018년 10월 30일, 대법원은 사건번호 2013다61381 원고 4명이 당시 신일철주금을 상대로 낸 소송에서 원고 승소 판결을 내리고 1인당 1억원의 위자료를 지급하도록 했다. 원고 4명은 모두 오사카공장에 동원된 피해자들이었다. 2018년 대법원이 확정판결한 이 소송은 2012년 5월 24일 대법원에서 서울고등법원으로 파기환송됨에 따라 서울고등법원을 거쳐 계류된 건이었다. 이같이 확정판결은 내려졌으나 2022년 10월 현재, 일본제철㈜는 판결 결과에 응하지 않고 있다.

일본제철㈜를 대상으로 한 한국인 피해자의 소송 역사는 오래되었다. 1995년 9월 22일, 도쿄지방법원에서 시작한 재판은 가마이시제철소에 동원된 피해자들이 제기한 소송이었다. 제1심(1997년 9월 18일)에서 법원은 화해를 선고했으나 제2심(2003년 3월 26일)에서 기각되었다.

피해자들은 두 번째 소송을 1997년에 오사카지방법원에 제기했다. 2018년 한국 대법원에서 판결받은 원고들이 제기한 소송이었다. 이 소송은 1심부터 3심까지 모두 기각이었다. 더 이상 일본 법정에서 승산이 없다고 생각한 원고들이 한국 법정에서 제기한 소송이 바로 2018년 대법원에서 확정판결을 받은 소송이었다.

이후에도 한국 법정에서 일본제철㈜를 상대로 하는 소송(2015나32310, 2016나56389)은 이어지고 있으나 아직 승소의 소식은 들리지 않는다.

2) 일본 근대국민국가와 야하타제철소

야하타(八幡)제철소는 후쿠오카현(福岡県) 기타큐슈시(北九州市)에 자리하고 있다. 1901년 관영(官營)제철소로 조업을 개시했고 일본에서 두 번째로 세워진 제철소이다. 그러나 일본의 근대철강업 역사는 야하타제철소 조업에서 시작할 정도로 야하타제철소는 일본의 근대국민국가 형성에서 매우 중요한 곳이었다.

야하타제철소는 청일전쟁의 승리 후 일본 정부가 청국 정부로부터 받은 배상금으로 설립한 제철소였다. 청일전쟁의 배상금은 당시 일본 정부와 국민들에게 큰 자극을 주었다. 청일전쟁의 배상금은 당시 일본 국가재정의 4년치가 넘는 큰 금액이었다. 일본 정부는 이 돈으로 제철소나 조선소를 만들었고, 교육기금을 할당해 1900년에는 소학교 수업료를 폐지했다. 당시 일본 정부가 전쟁배상금으로 교육비를 사용한 것은 국민을 교육시킨다는 것이 전쟁에 얼마나 도움이 되는지 실감했기 때문이다. 전쟁을 통해 일본 정부는 근대 전쟁에서 읽기 쓰기나 산수를 할 수 없는 병사가 쓸모없음을 알게 되었다. 병사들이 명령 문이나 무기 설명서를 못 읽는다든지, '백발 쏴!'라는 명령을 받아도 백을 셀 수 없으면 전쟁을 하기 힘들다는 것을 알았기 때문이다. 그러한 이유로 일본 정부는 전쟁배상금을 교육비로 사용해 또 다른 전쟁에 대비하고자 했다.

야하타제철소 설립 당시 기술은 독일에서, 제철업에 필요한 철광석은 중국에서 각각 조달하면서 출발했다. 야하타제철소가 관영으로 출발한 이유는 당시 후발자본주의국가였던 일본에서 민간자본으로 철강업을 할 수 있는 자생적 발전은 불가능했기 때문이다. 야하타제철소의 출범 이후 군수는 물론 민간에서도 철강 생산품의 수요가 급증하자 이에 자극을 받아 민간철강기업이 설립될 수 있었다. 그러한 점에서 야하타제철소는 일본 철강산업에서 민간산업의 길을 닦아 준 선구적인 제철소였다.

야하타제철소는 설립 이후 제강에 필요한 원료탄을 일본 3대 탄광의 하나인 지쿠호(筑豊)에서 조달했다. 1899년 원료부문으로 후쿠오카현 가호군(嘉穂郡)에 후타세탄광을 설립 운영했다.

또한 야하타제철소는 아소(麻生)광업㈜와도 관련성이 있다. 「호나미(穂波)탄갱약정서」에 따르면, 아소광업의 전신인 아소상점은 1888년에 가호군 호나미무라(穂波村)에 호나미광구를 운영하기 시작했다. 아소상점은 이 광구를 1900년 10월에 야하타제철소에 양도했다. 아소상점은 1900년대 후반부터 다시 야하타제철소에 석탄을 판매하기 시작했다. 이때 석탄 조달을 담당한

아소상점 계열의 탄광은 요시쿠마(吉隈)갱이었다.[5]

일본의 탄광과 광산만이 야하타제철소 운영에 도움을 준 것이 아니었다. 황해도에 있던 재령(載寧)철산도 마찬가지였다. 1907년 궁내부 소관으로 문을 연 재령철산은 개광 당시부터 철광석을 야하타제철소에 납품했다.

아소광업이 조선에서 운영하던 황주철산(황해도 황주군)도 야하타제철소에 철광석을 납품하던 곳이었다. 황주철산은 1908년에 개광해 1913년부터 아소광업(합자)회사가 운영하던 철광산이었다. 1919년 조선철산㈜ 소속이 되었다가 1929년에 아소그룹의 계열사인 아소음파 소속으로 변경되었다. 1930년부터 아소광업운수(합자)와 아소미쓰루(麻生滿津子)가 공동운영했다. 황주철산이 언제부터 야하타제철소에 철광석을 납품했는지는 알 수 없다. 그러나 1913년부터 아소광업 소속이었으므로 1913년부터로 추정할 수 있다.

1934년 일본제철㈜가 발족하면서 일본제철㈜ 야하타제철소로 개칭했고, 1937년 제3용광로와 1938년 제4용광로를 완공해 최상의 생산 설비를 확충했다.

야하타제철소는 아시아태평양전쟁 기간에 일본 철강생산량의 절반 이상을 생산했다. 그러므로 연합군이 폭격 목표로 설정해 공습을 반복했다. 1944년 6월 16일 첫 공습을 시작으로 8월 20~21일 공습이 있었고, 1945년 8월 8일에는 야하타시 전체를 대상으로 한 공습을 경험했다.

5) 長野暹 編, 『八幡製鐵所の研究』, 日本經濟評論社, 2003, 213~214쪽.

일본 패전 후인 1950년 일본제철㈜ 해체와 함께 야하타제철소가 되었고, 현재는 일본제철㈜ 소속 제철소이다.

야하타제철소 연혁

- 1955년 히카리(光)제철소 설치
- 1958년 도바타(戸畑)제조소 설치
- 1961년 사카이(堺)제철소 설치
- 1965년 기미쓰(君津)제철소 설치
- 1968년 야하타강관㈜ 합병
- 1970년 야하타제철과 후지(富士)제철을 합병해 신일본제철㈜을 발족하면서 신일본제철㈜ 야하타제철소로 변경. 현재 일본제철㈜ 규슈제철소 소속 제철소

야하타제철소는 일제강점기 조선인의 노동운동사에서 빛나는 성과를 낸 곳이기도 했다. 1919년 1월 광석을 운반하던 조선인 노동자 82명이 이틀간 파업을 일으킨 후, 여러 차례 조선인 파업이 일어난 곳이기 때문이다. 파업이 그치지 않고 규모도 컸다는 것은 제철소 노동환경이 열악했다는 의미일 것이다. 특히 1920년 2월 4일, 김영문이 파업을 알리는 기적을 울리면서 시작한 파업은 일본인 노동자 2만 3천 명이 참가한 어마어마한 투쟁이었다. 파업 참가 노동자들은 용광로의 불을 끄고 투쟁 의지를 불태웠으나 군대가 나서서 파업을 진압했다.[6]

---

6) 姜徹, 『在日朝鮮人史年表』, 雄山閣, 1983, 30쪽.

〈그림 5〉 옛 사무소 조망 공간 입간판(2021년 10월 26일 김종구 촬영)

〈그림 6〉 야하타제철소의 입구에서
　　　　본 모습

〈그림 7〉 제철소 내부 모습

3. 야하타제철소의 강제동원

일본 국가총동원 체제기에 야하타제철소는 조선인과 중국인, 연합군 포로를 동원한 강제노역지였다. 강제노역의 역사는 일본제철㈜ 사사(社史)에서도 국적별로 간략히 소개하고 있다.

1) 야하타제철소와 조선인 강제동원

일본 정책문서는 철강업에 대한 조선인 강제동원이 1942년 3월부터 개시되었다고 기록하고 있다. 그러나 조선인 강제동원은 이전에도 있었다. 1942년 이전부터 '모집' 형식으로 동원을 실시했다. '징용'이라는 형식이 아니었을 뿐이다.

일본제철주식회사 사사(社史)는 1942년도에 실시한 조선인 동원은 '철강업으로서 최초의 노무자 강제징용'이라 언급했다. 야하타제철소는 1942년 3월 '징용영서'를 발급해 최초의 조선인 훈련공 제1진을 동원했다. 일본 철강통제회 조사에 따르면, 당시 철강업계의 노동방식은 상주제(常晝制, 주간만 근무), 주야 2교대제, 3교대제가 있었는데, 야하타제철소의 조선인 노무자는 주야 2교대제를 적용해 하루 12시간 이상 노동했다. 1942년에 동원한 조선인 징용공은 1,777명이었다.[7]

일제말기에 얼마나 많은 조선인을 동원했을까.

일본제철주식회사 사사(社史)는 1945년 8월 일본 패전 당시 야하타제철소 특수노무자(特殊勞務者) 11,498명 중 조선인을

7) 日本製鐵株式會社史編纂委員會, 『日本製鐵株式會社史 1934~1950』, 1959, 685쪽.

2,808명으로 기재했다. 사사가 밝힌 야하타제철소를 포함한 일본제철㈜ 전체의 조선인은 총 5,555명이었으니 절반에 가까운 숫자였다.[8]

그렇다면 일본제철주식회사 사사가 밝힌 2,808명이 야하타제철소에 동원된 조선인 전체인가. 그렇지 않다.

현재 한국 국가기록원에는 야하타제철소에 동원된 조선인을 알 수 있는 명부가 두 종류 있다. 그 가운데 하나인 『소위 조선인 징용자에 관한 명부』에 들어 있는 「팔번제철소명부」인데, 조선인 노무자는 3,448명이다. 또 다른 명부인 『조선인 노동자에 관한 조사결과』에서는 3,820명을 확인할 수 있다. 연도별로 보면, 1942년 921명, 1943년 550명, 1944년 1,968명, 1945년 381명을 동원했다. 그런데 1945년 8월에 야하타제철소에 남은 조선인은 2,788명이었다. 현장에서 탈출하거나 사망하거나 여러 이유로 줄어든 것이다.

한국 정부 기관이었던 국무총리 소속 대일항쟁기강제동원피해조사 및 국외강제동원희생자 등 지원위원회가 피해신고를 받아 야하타제철소로 동원되었다고 확정한 피해자는 709명이다. 이 가운데 18명은 현지에서 사망했고, 4명은 행방불명되어 소식을 알 수 없다. 709명은 한국 정부에 피해신고를 한 결과이니, 피해자 전체의 숫자가 아니다.

---

8) 日本製鐵株式會社史編纂委員會, 『日本製鐵株式會社史 1934~1950』, 1959, 689쪽.

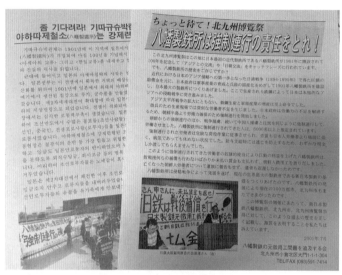

〈그림 8〉 배동록이 배포한 자료

　야하타제철소에 동원된 조선인은 몇 명이었을까. 명부에 등
재된 조선인은 야하타제철소가 직접 동원했던 조선인이다. 이
들 외에 하청업체를 통해 동원한 인원도 있었다. 항구에 쌓아
둔 철광석을 화차에 옮기는 일을 했던 강금순과 남편 배봉곤(裵
鳳坤)도 하청업체 소속의 노무자였다. 야하타제철소의 조선인 피
해실태 규명에 나섰던 재일동포 배동록(裵東錄, 강금순의 아들)은 '야하
타제철소 전 징용공 문제를 추급하는 모임' 이름으로 배포한 자
료에서 '6천 명의 피해자가 겪은 진상을 규명하자!'고 주장했다.
피해자 규모를 정확히 아는 이는 당시 조선인을 동원해서 강제
노역에 부렸던 기업일 것이다. 그러나 여전히 야하타제철소는
조선인 강제동원 피해자의 규모를 밝히지 않고 있다.

2) 중국인·연합군 포로 동원 관련 현황

일본 국가총동원체제기에 연합군과 중국인 포로를 동원한 군수공장과 탄광산은 적지 않았다. 야하타제철소도 그 가운데 하나였다. 앞에서 소개한 주 네덜란드 대사관이 밝힌 자료에서도 야하타제철소는 빠지지 않았다.

야하타제철소는 1943년도에 중국인 포로와 죄수를 동원할 계획을 세우고, 노동동원 계획에 포함했다.[9] 현재 일본에는 제2차 세계대전 기간 중 연합군과 중국인 포로들이 동원된 현황을 조사하는 시민단체가 있다. POW 연구회(POW Research Network Japan. http://www.powresearch.jp)이다. 이 연구회는 연합군 포로에 대한 학대와 역사적 사실을 기록하기 위해 2002년 발족한 단체인데, 일본 국내외 연구자, 시민 등 회원 약 80명으로 구성된 공신력 있는 시민단체이다. 이들의 조사 결과에 따르면, 야하타제철소가 동원한 연합군 포로 및 기타 포로(중국 등)는 1,195명(미국 616명, 네덜란드 211명, 영국 193명, 인도 132명, 중국 등 22명)이다.

일본제철㈜ 사사(社史)는 1945년 8월 일본 패전 당시 야하타제철소 특수노무자(特殊勞務者) 중 포로의 수를 1,161명으로 기재했다. 포로의 국적에 대한 기록은 없다.[10] 이같은 기록을 통해 당시 야하타제철소가 1,161명~1,195명의 포로(연합군, 중국인)를 동원했음을 알 수 있다.

---

9) 日本製鐵株式會社史編纂委員會, 『日本製鐵株式會社史 1934~1950』, 1959, 686쪽.
10) 日本製鐵株式會社史編纂委員會, 『日本製鐵株式會社史 1934~1950』, 1959, 689쪽.

<표 3> 자료별 연합군·중국인 포로 동원 현황

POW연구회 : 1,195명					일본제철㈜ 사사(社史) : 1,161명	
중국인	연합군 포로				중국인	연합군 포로
22명	미국	네덜란드	영국	인도	1,161명	
	616명	211명	193명	132명		

야하타제철소에 동원되었던 이천구(1927년생, 1942년 9월경 야하타제철소에 동원되어 1943년에 탈출)의 구술에서 연합군 포로 이야기를 들을 수 있다. 그는 야하타제철소에 몇백 명의 연합군 포로가 백회(白灰), 시멘트, 석탄 등을 40kg씩 운반하는 가장 힘든 일을 수행했다고 구술했다. 일본 헌병이 포로들을 지휘·감독했는데 조선인들에게 포로와 대화를 금지했다. 이천구 소년은 감시가 없는 틈을 타 손짓으로 미군 포로와 의사소통을 한 적이 있는데, 어느 날 담배를 나눠주다가 감독관에게 들켜 치도곤을 당하기도 했다.

구술자 : 그리고 그때 미군 포로가 몇백 명인지도 몰라. 몇백 명 미군 포로들이 있어. 미군 포로들이 있는데. 열차가 공장 안으로 들어오니까. 무슨 일을 시키냐 하면, 회. 제일 힘든 일 백회(白灰) 40키로, 세멘트(시멘트) 40키로로, 석탄 그런 것만 시키는 거야. 그것도 아주 일본 헌병들이 지휘 감독하는 거.

면담자 : 미군들을 마주 볼 수 있었겠네요?

구술자 : 마주 볼 수도 있지. 그러면 그 당시에 어떻게 의사소통

을 하냐하면, 이렇게 보고 군인이 있나 없나 감독관이 있나 없나 딱 보고, 십자가, 하트를 막 그린다고. 그러면 걔들이 알아봐. 나 징용으로 붙잡혀 온지 알지. 헌병 감시 하에 왔다 갔다 그러고. 자기도 그렇고 우리도 그러니까. 크리스찬이라는 거. 일본 제국주의에는 크리스찬이 없잖아. 그래서 열십자를 크게 그린다고. 그러다 어떻게 담배를 주고. 어떻게 한번 담배 준다고 일본 놈한테 걸려가지고, "오마에 스파이까(お前、スパイか?, 너 스파이냐?)", 너 이 자식 간첩이다 이거야. 지금은 미국이 아름다울 미(美)자 썼지만은 그 당시에는 쌀 미(米)자 썼다고. 쌀처럼 먹어 죽인다고 해서 쌀 미자 썼다고. "오마에 돈나 하나시 시타까(お前、どんな話したか?, 너 무슨 이야기했어?)" 미국 놈하고 무슨 이야기를 하냐. "난데모 아리마센(何でもありません.)" 아무 말도 안 했다고. "가에레(帰れ, 돌아가라)" "고코니 이타라 시고토 야레(ここにいたら仕事やれ, 여기 있으려면 일을 해라!)", 어서 일하라고. 싹싹 빌고. 그 다음에 담배 주다 걸렸으니까 경험이 있으니까, 겉으로 불붙여 피우다가 그 놈한테 가서 슬쩍 떨구고 가지.[11]

11) 일제강점하강제동원 피해진상규명위원회, 『강제동원 구술기록집3 – 똑딱선 타고 오다가 바다귀신 될 뻔 했네』, 2006년 10월, 202~204쪽.

4. 명부로 보는 야하타제철소의 조선인 강제동원

1) 일제강제동원, 이름을 기억하라

1953년, 이스라엘 정부는 정부 기관, 야드바셈을 설립했다. 야드바셈은 1935년부터 제2차 세계대전 당시 히틀러와 나치에 의해 학살·희생된 약 600만 명의 유태인들을 추념하고 전 세계와 인류에게 역사적 교훈을 남기기 위한 상설 조사기구와 기념시설이다. 단순한 추도를 넘어 나치의 잔혹 행위에 대한 피해사실과 진상규명, 기록보존, 학술연구(Yad Vashem Studies) 등 종합적 기능을 하는 곳이다. 이스라엘 정부의 노력으로 유태인 강제수용, 강제노동, 자산몰수, 학대와 집단 학살과 관련한 국가적 조사와 추도·연구·기록보존·교육의 메카이자 세계적 명소로 자리 잡았다.

야드바셈은 홀로코스트 기념관(2005년 건립)을 비롯한 10만여 평의 시설과 전시물을 자랑하고 있다. 이 가운데 가장 눈길을 끄는 것은 광장에 놓인 석조물과 기념관에 전시한 피해자들의 명부이다. 야드바셈 광장에는 시신을 담는 관을 연상하는 돌덩어리들이 장관을 이룬다. 이 석조물은 야드바셈을 찾는 전 세계의 관람객들이 처음 마주하는 기념물이자 야드바셈의 성격을 잘 드러내주는 전시물이다. 직육면체의 돌덩어리는 어떤 전시물보다도 강렬한 인상을 준다. 관람객들은 이 앞에서 학살당한 피해자를 대하듯 경건하다. 홀로코스트 기념관에 전시된 피해자들의 이름 앞에서 관람객들은 또 다시 광장의 석관을 떠올린다.

야드바셈(Yad Vashem)이란 '이름을 기억해'라는 의미의 히브리어이다. 왜 이스라엘 정부는 정부기관 이름을 야드바셈이라 지었을까. 이름이 주는 무게를 통해 반전과 평화를 이야기하려 했을 것이다. 야드바셈 외에도 이름이 주는 무게를 느낄 수 있는 또 다른 장소는 중국의 난징대학살기념관이다. 이곳에서도 피해자의 이름은 빠지지 않는다. 이름은 존재감이다. 이름이 있다는 것은 사람이 있다는 의미이다. 당시를 경험하지 못한 후대인들은 이름을 통해 실감한다.

한국 사회가 기억해야 하는 이름은 많다. 공익과 나라의 독립을 위해 헌신한 이들, 누군가의 생명을 지키기 위해 자신을 포기한 이들, 국가 폭력으로 목숨을 잃은 이들, 전쟁의 와중에서 나라를 지킨 이들. 그리고 나라를 잃어 남의 나라 전쟁에 동원되었던 이들의 이름.

전쟁으로 인한 각종 피해자의 권리 회복은 인간의 기본적 권리이다. 제2차 대전 후 탄생한 국제인권법[international law of human rights]에서는 인간의 기본적 권리를 '전시·평시·식민지 지배를 막론하고 문명인들 사이에 확립된 관례, 인도주의의 법칙, 공공의 양심, 국제법 등에 따라 전시 중 상병자·포로·민간인뿐만 아니라 억류자의 조속한 본국 귀환·송환, 사자(死者)의 유해와 묘지의 존중 및 일상생활의 회복'으로 규정했다. 우리가 피해자들의 이름을 기억해야 하는 이유는 바로 인간의 기본적 권리를 찾는 길이기 때문이다.

강제동원 명부란 바로 강제동원된 사람들의 이름을 기억할

수 있는 자료이다. 우리는 왜 명부에 주목해야 하는가. 세 가지
이유 때문이다.

첫째, 피해자의 권리 회복을 위해서다. 해방 후 한국 사회에
서 가해자 측의 자료가 없는 피해자, 자료에서 이름을 확인할
수 없는 피해자는 당당하게 자신의 권리를 주장할 수 없었다.
자료를 찾을 수 없는 이들은 구구하게 설명해야 했고, 피해를
입증해줄 누군가를 찾아야 했다. 피해자임을 피해당사자 스스
로 입증해야 했다. 그에 비해 가해자 측 자료를 확보한 피해자·
유족은 당당했다. 자료가 있다면 다른 말이 필요 없이 '누가 뭐
래도 피해자'임을 입증할 수 있었기 때문이다.

두 번째는 강제동원 전체 실상 파악에 필수적이기 때문이다.
명부를 통해 어느 지역으로, 어느 기업으로 동원되었는지 동원
규모를 알 수 있다. 몇 년에 어디로 갔는지, 나이는 어떠했는
지, 몇 년간 동원되었는지, 어디로 이동했는지, 사고를 당했는
지, 사망했는지, 언제 돌아왔는지, 받아야 할 임금과 수당은 얼
마나 되는지 등 동원 실태를 알 수 있다.

세 번째는 가해자의 책임을 물을 수 있는 근거자료가 되기 때
문이다. 그러므로 가해자는 자신들에게 불리한 명부 공개를 꺼
렸다. 전쟁범죄와 관련한 명단은 찾기 어렵다. 일본군 '위안부'
는 존재했으나 일본군 '위안부' 관련 명부가 없는 이유다.

이같이 강제동원의 피해는 오래전 일이고, 살아있는 피해자
를 찾기 어렵지만, 우리는 명부에 남은 이름을 통해 강제동원이
라는 사실을 알 수 있고, 명부 주인공의 경험을 함께 할 수 있다.

강제동원 관련 명부는 수록한 정보가 다양한 자료이다. 이름과 생년월일, 본적지가 상세히 적혀 있고, 동원된 작업장이나 동원된 시기가 적힌 명부가 있다. 주로 동원한 기업이 작성한 명부이다. 관리의 목적에서 상세히 작성한 명부도 있다. '신상조사표'라는 이름의 명부이다. 상세한 인적 정보(이름, 생년월일, 본적지)는 물론이고, 당사자의 성향도 빠지지 않고 기록한 자료이다. '성격이 급하다'거나 '온순'하다거나 하는 식이다.

더 자세한 자료도 있다. '키 5척 3촌 6푼. 안색이 검고, 두발은 둥글게 잘랐고, 국방색 작업복을 입었으며, 키가 큰 편'이라는 정보를 담은 명부는 경찰서가 발급한 수배자 명단이다. 탈출한 조선인 노무자를 찾기 위해 경찰이 뿌린 비밀자료이다. 그에 비해 이름과 나이만 적힌 명부도 있다. 주로 일본 사찰이 보관하고 있는 사망기록(과거장)이다. 이같이 다양한 내용의 명부가 남게 된 것은 생산주체와 목적이 달랐기 때문이다.

강제동원 관련 명부는 생산 주체에 따라 동원주체 생산 명부(일본 정부, 기업), 피해자 생산 명부(귀환 과정에서 또는 귀환 후 작성한 명부 등), 연합군 생산 명부, 한국 정부 생산 명부로 나눌 수 있다.

일본 정부나 기업이 만든 명부는 관리가 목적이었다. 그러므로 해당 기업은 정부 기관에 정기적으로, 몇 명을 동원해 어떠한 일을 시켰으며, 이 가운데 사망한 사람은 어느 정도인가를 보고했다. 그 과정에서 명부를 생산했다.

피해자가 생산한 명부는 고향으로 돌아오는 배 안에서 '이렇게 목숨을 구해 고향으로 돌아갈 수 있게 되었으니 귀한 인연을

잊지 말자'는 마음에서 작성하거나, 고향에 돌아온 후 친목계 등을 만들 때 작성한 명부가 있다.

일본 본토의 전쟁은 1945년 8월 15일에 끝났으나 태평양과 동남아에서 전쟁은 1년 전에 끝났다. 연합군은 점령지역의 포로나 거주민을 대상으로 실태를 파악하기 위한 명부를 작성했고, 제2차 세계대전이 완전히 끝난 후 고향으로 돌아가는 사람들이 배에 오를 때 승선자 명부를 작성했다. 남양군도 귀환자 명부, 부로명표 등이 연합군이 만든 명부다.

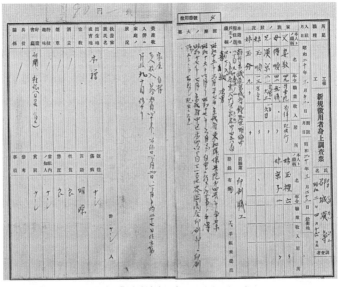

〈그림 9〉 『도요(東洋)공업 반도응징사신상조사표』(국가기록원 소장)

〈그림 10〉 화태청 경찰서에서 찾아낸 탈출조선인 수배 자료

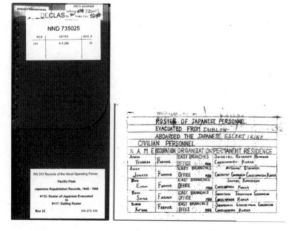

〈그림 11〉 연합군이 작성한 승선자 명부

한국 정부가 작성한 명부는 이승만 정부 시절에 생산한 일정 시피징용징병자명부·왜정시피징용자명부와 2000년대에 들어서 생산한 위원회 피해조사자료이다. 이 가운데 이승만 정부 시절에 명부를 작성한 목적은 일본과 회담을 위해서였다. 1945년 8월 일본은 패전했고, 9월 2일 미주리 함상에서 항복문서에 서명했다. 그러나 피해국이었던 한국은 1941년 조인한 샌프란시스코 강화조약 체결에 참여하지 못했다. 냉전체제가 가속화되는 상황에서 일본에 면죄부를 주어야 했던 승전국의 입장 때문이었다. 한국이 대일배상을 청구할 수 있는 기회는 샌프란시스코 대일 강화조약 제4조에 근거한 청구권 교섭 외에는 없었다. 대일강화조약 제4조는 일본이 해당 지역 당국 및 주민과 특별 협정을 통해 청구권을 처리하도록 했기 때문이다.

대일강화조약 제4조 : (a) 본조 (b)규정을 유보하고, 제조에 규정된 지역에 있는 일본 및 일본국민의 재산 및 현재의 해당지역의 시정 당국 및 주민(법인을 포함한다)에 대한 청구권(채권을 포함한다)의 처리와 일본에 있어서의 전기(前記) 당국 및 주민의 재산 및 일본과 일본 국민에 대한 청구권(채권을 포함한다)의 처리는 일본과 전기 당국 간 특별 협정에 의해 결정된다. 제2조에 규정된 지역에 있는 연합국 또는 그 국민의 재산은 아직 반환되어 있지 않는 한 시정 당국이 현상대로 반환하여야 한다. (b) 일본은 제2조 및 제3조에 규정된 지역의 미합중국 군정에 의해 또는 그 지령에 의하여 행하여진 일본과 일본 국민의 재산의 처리의 효력을 승인한다.

이같이 일본으로부터 전쟁배상이나 식민 지배에 대한 배상을 받기 어려운 상황에서 현실적으로 가능한 것은 36년간 하나였던 나라가 둘로 분리된 데 다른 재정적·민사적 채권 채무관계를 청산하는 일로 한정될 수밖에 없었다. 그래서 시작된 것이 한일 정부 간 회담인 한일회담이었다. 1951년 10월 예비회담을 시작으로 1965년까지 총 8차(예비회담 1차, 본 회담 7차)에 걸쳐 진행된 한일회담 과정에서 한국 정부 측은 일본에 식민지 및 전쟁피해 배상을 청구해야 했는데, 이 과정에서 입증 자료가 필요했다. 이를 위해 만든 명부가 『일정시피징병징용자명부』이다.

『일정시피징병징용자명부』는 제1공화국이 남긴 첫 번째 명부이자 한국 정부가 생산한 명부 중 현존하는 가장 오래된 명부이다. 명부를 만들 당시 한반도는 한국전쟁을 겪는 혼란한 시기에 교통과 통신도 열악했다. 그런 와중에 22만 9,782명이 이름을 담은 65권의 명부철을 만들었다. 언제부터 신고를 받았는지는 알 수 없다. 1953년 1월 내무부가 최종적으로 취합, 합본했다는 사실만 알 수 있다. 마을 이장 등이 중심이 되어 신고받은 후 도별로 취합해 내무부에 제출했다.

〈그림 12〉 『일정시피징용징병자명부』 겉표지
(국가기록원 소장)

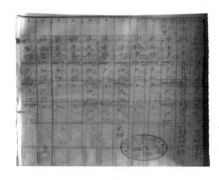

〈그림 13〉 지역별로 정리해서
내무부에 제출한 명부 내부

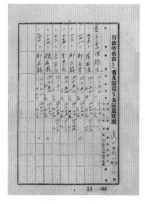

〈그림 14〉 수록 내용

　명부를 찾는 작업은 77년 전 강제동원의 실상을 파악하기 위한 첫 번째 단계다. 그러나 열심히 노력한다 해서 모든 피해자의 이름을 가해자 측 명부에서 찾을 수 있는 것은 아니다. 처음부터 명부에 이름을 올리지 않았다면 찾을 수 없다. 이미 재로 사라진 명부도 마찬가지다.

　가해자 측 명부에 이름이 없는 피해자는 일본군 '위안부'만이 아니다. 명부에서 이름을 찾을 수 있는 노무자는 극소수다. 위원회는 조선과 일본, 남사할린과 중국 만주, 동남아시아와 태평양 등지에 동원된 노무자를 연인원 7,534,429명으로 집계했다. 그러나 현재 가해자 측이 남긴 명부는 10만 명도 되지 않는다.

군인으로 동원되었음에도 일본 정부 자료에서 이름을 찾을 수 없는 이들도 있다. 1945년 5월, 징병 영장을 받고 입대한 최동언도 그 가운데 한 명이다. 2013년 12월 6일, 최동수는 일본 후생노동성을 방문해 형의 행방을 문의했으나 기록은 찾을 수 없었다. 후생노동성 관계자는 1945년 1월~ 8월 사이 조선인 징병자 명부 중 일부는 존재하지 않는다고 답했다. "구 일본 육군과 해군 관련 명부는 후생성에 전부 인계됐으나 전쟁 혼란 상황으로 인해 부대별 명부 등이 없는 경우가 있다"는 것이다.[12]

〈그림 15〉 강제동원위원회가 생산한 피해조사서서철(피해조사명부)과 지급심사서서철(지급심사명부)

12) 2013년 12월 24일, 연합뉴스, 「일정부, 조선인 군인군속 명부 증발 은폐 방치」

1945년 1월 이후 입대한 조선인들 가운데 얼마나 많은 사람의 기록이 사라졌다는 것인가. 알 수 없다. 입대는 했으나 기록은 없다? 어떻게 이런 일이 가능할까. 일본 당국이 군 관련 기록을 없앴거나 병적 관리가 제대로 이루어지지 못했기 때문이다.

그렇다면 가해자 측 명부에서 이름을 찾지 못한 이들은 피해자가 될 수 없는가. 그렇지 않다. 한국 정부와 사회 스스로 명부를 만드는 방법이 있다. 정부 수립 후 한국 정부가 했던 일이다.

현재 야하타제철소에 동원된 조선인 관련 자료는 총 4종이고, 명부는 총 3종이다. 야하타제철소의 명부는 일본 기업이 작성해 정부에 제출한 명부이거나 자체적으로 보관했던 명부이다. 그러므로 일본 기업의 입장에서 조선인 강제동원을 볼 수 있는 자료이다. 4종의 자료는 모두 미불금 공탁 관련 명부이며, 수록 내역이 매우 소략해 강제동원 전반을 보여주기 적절하지 않다. 그럼에도 이 명부를 통해 일본 패전 후 동원주체가 어떠한 과정을 통해 강제동원 조선인들의 정당한 권리(미불금)를 훼손시켰는가 하는 점을 알 수 있다.

◈ 야하타제철소의 조선인 강제동원 관련 자료
• 『조선인노동자에 관한 조사결과』(명부는 없이 현황표만 존재)
• 『소위 조선인 징용자에 관한 명부』(명부)
• 『조선인노무자 등 공탁금 문서』(명부)
• 일본제철주식회사 야하타제철소, 「조선출신노무자미급여금에저금등명세서(朝鮮出身勞務者未給與金預貯金等明細書)」(명부)

2) 조선인 노동자에 관한 조사 결과[13]

『조선인 노동자에 관한 조사 결과』는 1990년 5월 노태우 전 대통령이 일본을 국빈방문했을 때 일본 측에 요청해 인수한 명부 중 하나이다. 이 명부는 일본이 아시아태평양전쟁에서 패한 후 얼마 지나지 않은 1946년 6월 17일, 후생성 근로국장·노정국장·보험국장 연명으로 「조선인 노무자에 관한 조사의 건」이라는 통첩(근발 제337호)을 전국 도도부현 지사 앞으로 하달했다. 통첩 내용은 조선인 노무자의 신원과 직업, 근무기간, 미불금 등을 적시하여 제출하라는 것이었다.

조선인 노무자에 관한 내용은 제1호~제3호의 양식을 배포해 통일된 정보를 제공하도록 하고 있으며, 작업장에 대해서도 소관부처, 작업장명, 소재지 등을 명시하도록 하고 있어 동원기업의 정보도 확인할 수 있다.

패전 후의 혼란 속에서도 비교적 빠른 시기에 조선인 노무자에 관한 조사가 가능했던 것은 일본 각지 작업장에 동원된 조선인들이 귀환에 앞서 임금, 저축, 수당 등 체납된 미불금 지급을 요청했기 때문이다. 홋카이도 탄광 등에 동원된 조선인 노무자들이 미불금 지급을 강하게 요구한 데서 촉발된 미불금 지급 요청은 '해방민족의 귀국과 보호구제, 권리옹호를 위해 설립'한 재일조선인연맹의 도움으로 전국적으로 확산했다. 일본 패전 직후 일본에서 결성한 재일조선인연맹은 일본제철㈜ 가마이시(釜

---

13) 「조선인 노동자에 관한 조사 결과」의 개요에 대해서는 허광무, 「일제말기 강제동원 조선인 노무자의 미불금 피해실태」(최영호 외, 『강제동원을 말한다 : 일제강점기 조선인 피징용 노무자 미수금 문제』, 2015), 53~55쪽을 요약 정리

㈜제철소를 상대로 미불임금 지급을 요구했다. 요구를 받은 일본 정부와 기업들은 대책을 수립할 필요를 느꼈다. 그에 따라 1946년 6월 17일 후생성 근로국장, 노정국장, 보험국장의 연명으로 도도부현 지사에게 「조선인 노무자에 관한 조사의 건」을 통첩하게 된 것이다. 이후 일본 기업들은 조선인에게 지불하지 않았던 미불금을 조선인 각자에게 전달하는 노력을 기울이지 않고 1946년 10월 12일부터 법무국에 공탁을 개시했다. 일본의 동원기업이 당연히 해야 할 의무를 방기한 것이다.

〈'제1호'표 작성양식〉

소관 성별	공장사업장		연도별 고용(징용 포함) 인원수									
	명칭	소재지	昭和 12	昭和 13	昭和 14	昭和 15	昭和 16	昭和 17	昭和 18	昭和 19	昭和 20	計

〈'제2호'표 작성양식〉

①입소 경로별	②씨명	③생년 월일	④본적	⑤직종	⑥입소 년월일	⑦퇴소 년월일	⑧퇴소 사유	⑨미불금 종별금액	⑩퇴소시 대우	⑪후생연금 보험급부 여부	⑫적요

〈'제3호'표 작성양식〉

①연도별 할당 및 고용자수	②종전시 조선인 노무자수	③귀선자수	④종전에 따른 해고자에 대한 처치 대우 상황	⑤사망자, 부상자, 도망자 수	⑥징용에 의한 조선인 노무자수

『조선인노동자에 관한 조사결과』는 각 작업장이 제1호~제3호 서식으로 배포된 양식에 해당 내용을 각각 기록하여 해당 근로국에 제출하였고 이를 취합하여 소관 부현지사가 후생성에 제출한 명부이다. 따라서 기업이나 사업장이 판단해 임의 내용을 작성한 명부가 아니라, 작성 목적과 형식이 분명한 명부이다.

'제1호'표 서식은 '소관 부처명', '공장사업장 명칭 및 소재지', '연도별 고용 인원수'로 되어 있어서 해당 지역 사업장 중 조선인 노무자를 사용한 사업장을 한눈에 알아볼 수 있도록 했다. 일종의 총괄목록이다. 특히 '연도별 고용 인원수'는 노무동원계획에 의한 조선인 노무자수를 확인할 수 있어서 당초 설정한 목표수를 알 수 있다.

　제2호표 양식은 ①입소경로 ②성명 ③생년월일 ④본적지 ⑤직종 ⑥입소연월일 ⑦퇴소연월일 ⑧퇴소사유 ⑨미불금 ⑩퇴소시 대우 ⑪후생연금보험 급부 여부 ⑫적요 등 총 12개로 구성되어 있는데, 해당 조선인 노무자에 지불해야 할 미불금 총액과 내역은 물론 강제동원 여부와 관련된 일본 작업장의 배치 경위와 기간, 직종, 신원까지 명확하게 확인할 수 있다.

　『조선인노동자에 관한 조사결과』는 총 15권에 달하는데, 지역별로 구성되어 있다. 야하타제철소 명부는 「후쿠오카현福岡縣 : 1/2_CTA0000040, 2/2_CTA0000041」명부철에서 찾을 수 있다.

〈표 4〉 야하타근로서 소관 작업장별 노무동원 실태

작업장명	연도별 고용인원									
	1937	1938	1939	1940	1941	1942	1943	1944	1945	계
日本製鐵八幡製鐵所						921	550	1968	381	3,820
三菱化成株式會社 牧山工場									85	85
三菱化成株式會社 黑崎工場								128	299	427
日鐵八幡港運株式會社										
黑崎窯業株式會社					150	50	40	26	20	286

일본제철 야하타제철소의 조선인 노무자 명부(제2호표)는 존재하지 않아 구체적인 명단은 알 수 없다. 연도별 동원 규모만 알 수 있을 뿐이다. 1942년 921명, 1943년 550명, 1944년 1,968명, 1945년 381명을 동원했다. 제3호표는 1945년 8월 당시 조선인 규모의 내역을 설명하고 있다. 일본 패전 당시 조선인은 2,788명이었으며, 그 중 2,761명이 고향으로 돌아갔다. 대부분이 조선으로 돌아갔음을 알 수 있다. 이들은 모두 국민징용령에 의해 동원한 피해자였다.

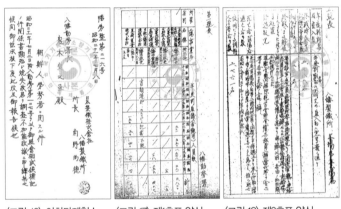

〈그림 16〉 야하타제철소 공문 표지(국가기록원 소장 자료)   〈그림 17〉 제1호표 양식   〈그림 18〉 제3호표 양식

3) 소위 조선인 징용자 등에 관한 명부

『소위 조선인 징용자 등에 관한 명부』도 1990년 5월 노태우 전 대통령이 일본을 국빈방문했을 때 요청해 인수한 명부 가운데 하나다. 당시 최호중 외무장관은 일본 외무성 장관에게 "전

전·전시 중 조선인연행자에 대한 명부작성에 협력"을 요청했다. 이같은 사실은 1990년 8월 7일 일본 노동성이 발표한 「이른바 조선인 징용자 등에 관한 명부(いわゆる朝鮮人徴用者等に関する名簿の調査について)」에서도 확인할 수 있다. 이 자료에서는 "표기 조사는 5월 25일 일한 외무회담 당시 최호중 한국 외무부 장관으로부터 전전 징용된 사람에 대한 명부 입수에 협력해 달라는 요청을 받아" "징용자를 중심으로 관알선 등으로 우리나라 사업소에서 노동에 종사한 이른바 조선인 징용자 등"이라고 언급했다.

이같이 강제동원 관련 명부 등 자료가 외교부를 경유해 수집했을 때 이 명부도 같이 인수했다. 그런데 다른 명부와 성격에서 차이를 보이는 자료이다. 성격이 다른 명부류가 함께 편철되어 있고, 명부에 대해 요약한 정보가 작성되어 있거나 필사한 듯한 명부도 있으며, 한국의 특정 단체가 작성한 회원명부도 편철되어 있다. 이러한 특성은 당시 일본 정부가 조선인 강제동원 문제에 관여해 온 한일의 연구자, 단체, 시민 등이 입수했던 자료를 편철해 한국 외교부를 통해 전달했기 때문이다. 그러므로 일부 자료는 다른 명부와 중복 자료이기도 하다. 그렇다고 결코 자료의 가치가 떨어지는 것은 아니다. 『조선인 노동자에 관한 조사결과』에는 없는 홋카이도(北海道)지역의 중요 탄광 명부가 수록되어 있는 등 자료 가치는 매우 크다.

『소위 조선인징용자등에 관한 명부』는 6개의 문서철에 총 3,736매 문서를 편철한 자료이다. 수록 인원은 중복을 포함해 총 27,814건이고, 실제 수록 인원은 26,044명이다. 이 가운데 야하타제철소 관련 명부(CTA0000050)는 일본제철㈜ 소속 작업장 명부 9건 가운데 하나이다. 야하타제철소 명부의 이름은 「조선인 노무자에 대한 미불금 기타에 관한 건 보고」이며, 총 133매의 자료로써 3,448명을 수록하고 있다.[14]

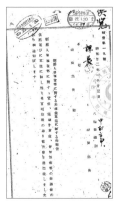

〈그림 19〉 야하타제철소 해당 문서

〈그림 20〉 해당 문서 두 번째 장

〈그림 21〉 명부. 조선인만을 발췌했으므로 중간에 빈칸이 있다.

14) 제주대학교 산학협력단, 『2020 국가기록원 소장 강제동원 명부 현황조사·분석 연구』, 2020, 321쪽.

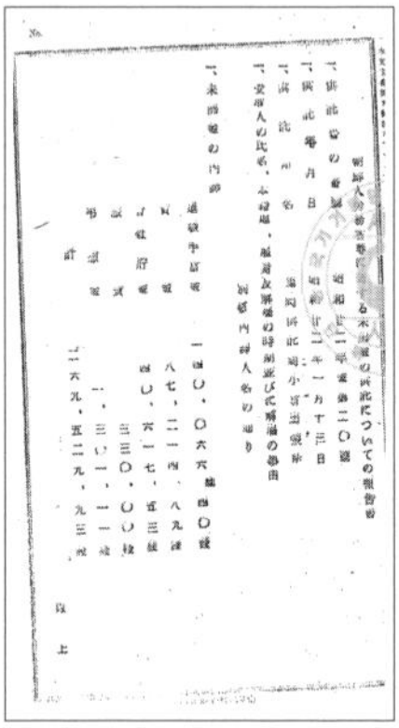

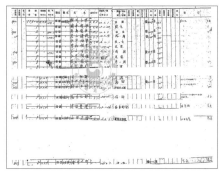

〈표 5〉『소위 조선인징용자 등에 관한 명부』중 일본제철주식회사 문서철의 작업장별 수록 내용

번호	자료명	분량	수록인원
가마이시(釜石)제철소			
5,6	사몰한국인 노동자 유족에 대한 미불부조료 연금 정산 정리에 관한 건	54매	3명
8	조선인 노무자 병사 휴무자명부	1매	10명
9	조선출신 노무자 미급여금 예저금 등 명세서(사몰자분)	11매	32명
10	조선출신 노무자 미급여금 예저금 등 명세서(일반자분)	44매	585명
11	조선출신 노무자에 대한 퇴직 적립 저금 증권 등 미처 리분 명세서	20매	314명
12	조선인 노무자에 대한 유족 부조료 연금 공탁에 관한 건	14매	12명
오사카(大阪)공장			
7	조선인 노무자에 대한 미불금 공탁보고서	15매	197명
야하타(八幡)제철소			
13	조선인 노무자에 대한 미불금 기타에 관한 건 보고	133매	3,448명

『소위 조선인 징용자 등에 관한 명부』에서 일본제철㈜ 문서철은 강제동원되어 강제노동을 강요당한 조선인 노무자가 마땅히 지불받아야 했던 임금, 각종 수당, 부조료 등 미불금에 관한 것으로 채권자의 '거소불명'을 이유로 일본 법무국에 공탁된 공탁 기록이다.

공탁이란 채권자가 채무금의 수령을 거부할 때, 또는 수령이 불가능할 때, 또는 채무자가 채권자를 확정할 수 없을 때 이루어지는 민법상의 행위이다. 채무금이 법무국에 공탁되는 순간 채무자는 해당 채무와 관련하여 법적 의무에서 해방된다.

일본 정부가 조선인 노무자 미불금을 해당 조선인에게 지급하지 않고 일괄적으로 공탁한 데에는 배경이 있었다. 당초 조

선인의 귀국편의 제공과 복지후생, 미불임금 지급 등을 목적으로 결성된 재일본조선인연맹은 1945년 말 도치기현(枋木縣) 소재 후루카와(古河) 아시오(足尾)광업소를 상대로 퇴직위로금과 사상자에 대한 특별 위자료 등을 요구했다. 재일본조선인연맹과 아시오광업소 간의 분쟁은 아시오 주둔군의 조정에 의해 후생성 조정안을 기본으로 해결되었으나 이 과정에서 일본 정부는 대책을 세울 필요성을 강하게 느꼈다.

결정적인 계기는 일본제철㈜ 가마이시제철소와 교섭이 제공했다. 1945년 12월 25일부터 이듬해 1월에 걸쳐 강제동원된 조선인이 귀환하자, 재일본조선인연맹 이와테현 본부장 등은 가마이시제철소를 방문해 사망자 미불금을 연맹에 위탁할 것, 일시귀국 미귀환자·도망자·사망자 등 중도 퇴직자에 대한 미불금 청산과 연맹 위탁 등을 요구했다. 1946년 4월 5일 이와테현 내무부장 주최로 열린 '조선인 노무자 처우 간담회'에서 이와테현 내무부장이 조정안을 제시하기로 하고 동년 6월 7일 조정안이 마련되자 이와테현 내 기업들은 조정안을 따르기로 하였다.

그러자 일본 정부는 6월 17일 후생성 노정국 급여과장 명의로 '조선인 연맹, 기타 유사 단체가 개별 사업주와 임금, 기타 급여에 관해 교섭하는 것을 인정할 수 없다'는 취지의 통달을 각 기업에 전달하였다. 동시에 같은 날 후생성 근로국장·노정국장·보험국장 연명으로 「조선인 노무자에 관한 조사의 건」을 전국의 지방장관(지사)앞으로 통첩해 조선인 노무자의 미불금에 대해 조사 후 7월 7일까지 반드시 회신할 것을 요청했다. 그 결과

생산한 자료가 앞에서 소개한 『조선인 노동자에 관한 조사결과』이다.

이 과정을 통해 조선인 노무자에 대한 미불금 조사가 완료되자 조선인의 미불금은 조선인 각자에게 지급하는 노력도 없이 1946년 10월 12일부터 일괄적으로 법무국에 공탁을 개시하였다. 이 때 법무국에 공탁한 자료는 『조선인노무자 등 공탁금 문서』이다. 결국 공탁은 일본 정부가 나서서 일본 기업이 조선인 노무자에게 지급해야 할 미불금 등을 지급하지 않도록 한 후, 해당자에게 전달하지 않으려 했던 제도였다.

『소위 조선인 징용자등에 관한 명부』가 수록한 공탁금 관련 문서는 이와 같은 경위에 의해 지방 법무국에 공탁된 조선인 미불금 내역의 문서철이다.

4) 조선인노무자 등 공탁금 문서

『조선인노무자 등 공탁금 문서』는 일본 법무성 소장 자료인데, 위원회가 지난 2010년 4월 조선인 노무자 6만 4,279명분의 명부 부본을 일본 정부로부터 인수했다.[15] 현재 행정안전부 과거사업무지원단이 소장하고 있다.

공탁 시기는 1942~1994년으로 광범위하지만 1946년과 1947년에 집중되어 있다.

---

15) 그에 앞서 군인·군무원 공탁금 명부 11만 명분을 2007년 12월에 일본 정부로부터 인수했다. 공탁금 명부는 일본 정부 스스로 한국 정부에 제공한 것이 아니라 국무총리 소속 강제동원위원회가 일본 정부에 지속적으로 요구하여 성사된 것이다. 자료 입수에 대한 경위는 허광무·정혜경·오일환, 『일제 강제동원, 정부가 중단한 진상규명』(도서출판 선인, 2020) 참조.

〈표 6〉 조선인 노무자 미불금 공탁 시기

공탁 시기	해당 건수	내용
1942	1	1942.2.28. 나가사키(長崎)광업㈜이 조선인 442명분(81,379엔)에 대해 나가사키공탁국에 공탁. 미불금내역(회사저금, 가족수당, 보급금, 일반원호금, 기타)
1946	451	1946.1.30~12.27.간 27회에 걸쳐 조선인 4900명분(541,204엔 45전) 공탁
1947	391	1947.1.6~12.29.간 62회에 걸쳐 조선인 30,714명분(3,478,945엔 56전) 공탁
1948	141	1948.1.7~11.16.간 42회에 걸쳐 조선인 18,511명분(1,435,188엔 94전) 공탁
1949	14	1949.1.25~11.2.간 8회에 걸쳐 조선인 1,604명분(300,770엔 20전) 공탁
1950	71	1950.2.4~12.19.간 10회에 걸쳐 조선인 2,325명분(4,403,054엔 72전) 공탁
1951	29	1951.2.26~10.5.간 23회에 걸쳐 조선인 476명분(7,912,655엔 94전) 공탁
1952	4	1952.8.30~12.17.간 4회에 걸쳐 조선인 559명분(54,769엔 97전) 공탁
1953	11	1953.1.29~7.24.간 9회에 걸쳐 조선인 89명분(206,282엔 17전) 공탁
1954	3	1954.3.2~5.25.간 3회에 걸쳐 조선인 16명분(25,782엔) 공탁
1955	2	1955.5.6~5.23.간 2회에 걸쳐 조선인 31명분(32,461엔) 공탁
1956	5	1956.7.9~11.16.간 5회에 걸쳐 조선인 15명분(195,033엔) 공탁
1957	8	1957.2.5~5.15.간 8회에 걸쳐 조선인 2,625명분(10,983엔) 공탁
1958	1	1958.9.4. 1회에 걸쳐 조선인 8명분(43,211엔) 공탁
1959	7	1959.1.27~10.19.간 7회에 걸쳐 조선인 464명분(3,810,794엔) 공탁
1960	2	1960.7.4~12.12.간 2회에 걸쳐 조선인 5명분(41,540엔) 공탁
1961	1	1961.8.24. 1회에 걸쳐 조선인 9명분(8,954엔) 공탁
1962	1	1962.12.27. 1회에 걸쳐 조선인 175명분(226,774엔) 공탁
1963	1	1963.5.21. 1회에 걸쳐 조선인 3명분(4,168엔) 공탁
1981	1	1981.3.25. 1회에 걸쳐 조선인 2명분(12,705엔) 공탁
1986	30	1986.8.12. 1회에 걸쳐 조선인 30명분(308,353엔) 공탁
1994	1	1994.8.23. 1회에 걸쳐 조선인 349명분(11,955,600엔) 공탁

그런데 왜 1994년까지 공탁했을까. 이 명부의 주인공이 모두 노무자로 동원된 피해자가 아니기 때문이다. 6만 4,279명

가운데 1,140명(총 2,079권)은 노무자가 아닌 경제인이나 지방 유지, 교원 등이 소유하던 유가증권이나 현금 등 개인 자산이었다. 이들의 공탁금은 24,724,372.22엔으로 노무자공탁금 35,170,613.80엔 중에 70.29%를 차지한다. 개인도 있으나 기관과 단체, 회사 등 다양하다.

개인 자산가에는 외국인도 포함되어 있었다. 일본인 50명(공탁 건수 52권)과 중국인 1명(1권)이었다. 외국인 50명은 모두 조선에서 기업 활동을 하던 이들이었다. 중국인 주신구(周愼九)는 조선의 독립운동을 돕다가 추방당했으나 1947년에 다시 입국해 이전부터 경영하던 기업(裕豊德)을 계속 경영했던 인물이다. 주신구의 공탁금은 증권(1만엔)이었는데, 일본은 주신구의 자산을 1994년 공탁했다.

개인 자산의 공탁시기는 1952년 이후가 다수를 차지했다. 1952년은 일본 정부가 일본의 주요 기업 활동을 제약했던 폐쇄기관을 정리하던 시기였다. 1952년 3월, 일본 정부는 폐쇄기관정리위원회를 해산했다. 해산한 이유는 1952.4.28 샌프란시스코강화조약 발효 후 일본 정부는 폐쇄기관제도 자체를 신속하게 없애는 방향으로 전환했기 때문이다. 이 과정에서 개인자산을 공탁한 것으로 보인다.[16]

16) 상세한 내용은 정혜경, 「일제말기 조선인노무자 공탁금 자료, 세 가지-미시적 분석을 통해 본 공탁금 문제」, 『일제강점기 조선인 피징용 노무자 미수금 문제』(도서출판 선인, 2015) 참조

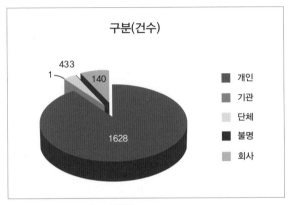

〈그림 22〉 비노무자의 구성 현황

　『조선인노무자 등 공탁금 문서』는 ①공탁카드+②공탁서+③
위임장+④등기부 초본+⑤공탁서 표지+⑥공탁 명세서로 구성
되어 있다. 2010년 일본 정부가 제공한 자료 모두가 이와 같은
일련의 서식을 모두 갖춘 것은 아니고 ②공탁서와 ⑥공탁 명세
서로 구성된 것이 많다.

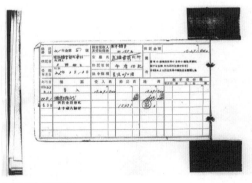

〈그림 23〉 공탁카드

〈그림 24〉 공탁서

〈그림 25〉 위임장

〈그림 26〉 등기부 초본

〈그림 27〉 공탁명세서 표지

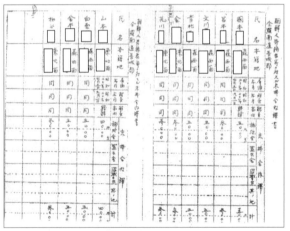

〈그림 28〉 공탁명세서

개인별 공탁문서는 공탁서와 공탁 명세서로 구성되어 있다. 공탁서에는 ①공탁자(기업대표) 및 주소, ②대리공탁자(기업관계자) 및 주소, ③금액, ④공탁의 원인이 된 사실, ⑤공탁근거(법령조항), ⑥공탁물 수취자(별지 내역), ⑦공탁시일(기업 공탁일), ⑧공탁자(주로 대리인), ⑨공탁국, ⑩공탁수리 일시, ⑪공탁번호 등이 기록되었다. 공탁 명세서에는 ①씨명, ②본적지. ③고용연월, ④해고연월, ⑤해고사유, ⑥미불금 내역 등이 기재되어 있다. 해고사유는 대부분 '정리(整理)', '미정리(整理解)'로 기재해 구체적인 내용은 알 수가 없다.

야하타제철소가 공탁한 기록은 2회(3,841건)에 걸쳐 찾을 수 있다. 제1차는 1947년 1월 11일에 공탁했는데, 3,389건에 공탁금은 269,529.93엔이다. 제2차는 1947년 2월 6일에 공탁했으며, 452건에 공탁금은 25,934.46엔이었다. 제2차는 구체적인 공탁 내역을 기재하지 않아 알 수 없다.

〈표 7〉 공탁 내역 및 인원

구 분	제1차(200-086~087-01)		제2차(200-088-04)	
	금액(엔)	인원(명)	금액(엔)	인원(명)
퇴직수당금	140,066.40	2,008명	–	
임금	87,214.09	1,190명	–	
회사저금	40,617.53	59명	–	452명
여비	330.00	1명	–	
조위금	1,301.11	1명	–	
계		269,529.93엔		25,934.46엔

공탁금 문서는 인명 중심이 아니라 공탁 내역 중심이므로

3,841건에는 중복자가 포함되어 있다. 야하타제철소의 공탁
문서는 공탁서와 공탁명세서(별지 내역 인명, 공탁금 내역 포함)등 두 종류
이다.

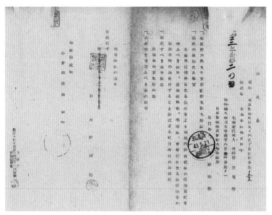

〈그림 29〉 제1차 야하타제철소 공탁서(1947년 1월 11일자)

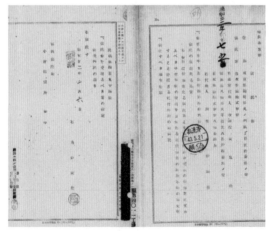

〈그림 30〉 제2차 야하타제철소 공탁서(1947년 2월 6일자)

공탁명세서는 피공탁자 정보(주소 : 도, 군, 면 단위), 해고일시(1945년 9월 25일과 30일, 정리해고), 공탁 내역(미불금 : 퇴직수당)을 수록하고 있다. 본적지(주소) 정보는 890명으로「소위 조선인 징용자 등에 관한 명부」보다는 많으나 전체 수록자 수에 비하면 일부이다. 특히 제2차 공탁분은 본적지, 고용년월일 등을 기재하지 않았다. 본적지가 전북 지역 중심이라는 점은『소위 조선인 징용자 등에 관한 명부』와 차이가 없다.

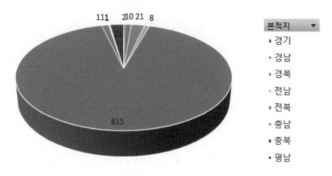

〈그림 31〉 890명의 본적지 현황(도별)

『소위 조선인 징용자등에 관한 명부』의 야하타제철소는 3,448명분인데, 『조선인 노무자 등 공탁금 문서』에는 3,841건(제1차 3,389명분, 제2차 452명분)이 수록되어 있다. 두 명부는 대부분 같은 내용이나 중복되지 않은 경우가 있고, 명부 내에서 같은 사람이 중복되어 있어도 공탁 내역이 서로 달라 중복을 확인하기 어렵다.

야하타제철소의 경우에도『소위 조선인 징용자등에 관한 명부』와『조선인노무자 등 공탁금 문서』에 동일한 명부가 수록되어 있다. 그러나 그림에서 보는 바와 같이『소위 조선인 징용자등에 관한 명부』의 공탁금 명세서는 작성 도중의 자료이다. 그러므로 실제 노무자 공탁금 명부의 것과 일부 다르다. 수록 인원 규모도 차이를 보이고 있다.

그렇다면,『소위 조선인 징용자등에 관한 명부』와『조선인 노무자 등 공탁금 문서』에서 야하타제철소 기재 내용은 어떤 관계에 있을까. 이에 대해 허광무는『소위 조선인 징용자등에 관한 명부』의 것이 작성 중의 것이었다면『조선인 노무자 등 공탁금 문서』는 공탁된 내역을 담은 기록으로 파악하고 후자의 완결성이 더 높다고 평가했다.[17]

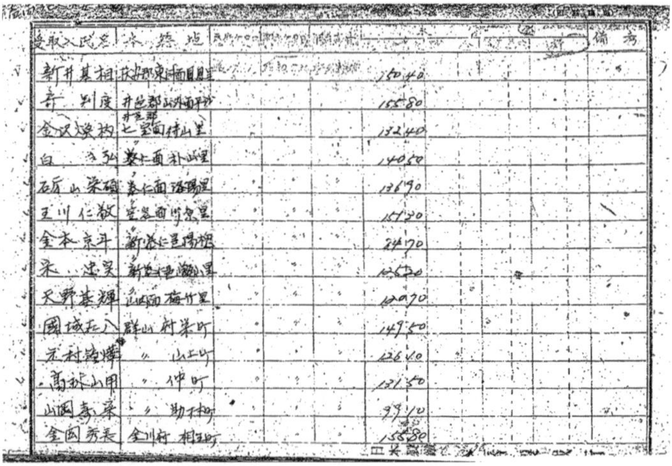

〈그림 32〉「소위 조선인 징용자 등에 관한 명부」에 수록된 야하타제철소 공탁금 명세서

17) 허광무,「해제 – 소위 조선인 징용자 등에 관한 명부5(CTA0000050) (일본제철 가마이시 제철소 공탁금명부)」, 2021.

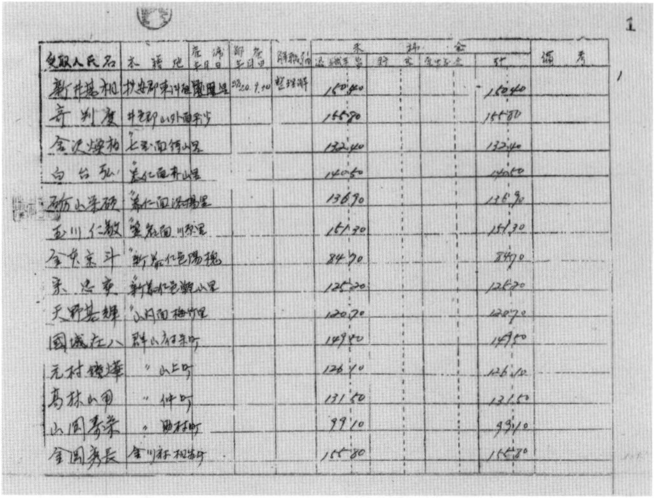

〈그림 33〉「조선인 노무자 공탁금 문서」에 수록된 야하타제철소 공탁명세서

5) 조선출신노무자미급여금예저금등명세서

일본제철주식회사 야하타제철소, 「조선출신노무자미급여금예저금등명세서(朝鮮出身勞務者未給與金預貯金等明細書)」는 3,042명의 공탁금 268,181.01엔에 관한 정보를 수록한 자료이다. 이 자료는 일본제철㈜가 생산한 『조선인노무자관계』에 편철 자료이다. 『조선인노무자관계』는 1974년 9월 도쿄 소재 게이오(慶應)서방이 입수한 것을 당시 고마자와(駒澤)대학 경제학부 소속 후루사와 고조(古澤紘造)가 발견해 고마자와대학도서관이 매입한 것이다. 일본제철㈜ 상대의 소송 과정에서 한국에서도 공개되었다.

「조선출신노무자미급여금예저금등명세서」는 1947년 5월 19일자로 작성했으며, 수록 내역은 공탁금 관련 문서와 동일하다. 2회에 걸친 공탁 이후 작성한 결과보고서로 보인다. 인원이 앞의 다른 두 개의 명부와 차이를 보이고 있다. 3,042명 가운데 본적지 정보를 알 수 있는 노무자는 505명(16.6%)에 불과하며, 대부분 전북 지역 출신자이다.

이 자료는 DB가 없어서 세부 내역을 분석할 수 없다. 그러나 고쇼 타다시(古庄正)의 논문「일본제철주식회사의 조선인강제연행과 전후처리 -『조선인노무자관계』를 주 자료로」(『駒澤대학 경제학논집』 25-1, 1993년 수록)을 통해 수록 내역을 알 수 있다.

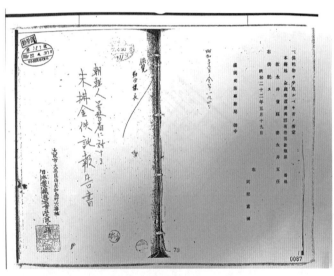

〈그림 34〉 조선출신노무자미급여금예저금등명세서 표지 및 1면

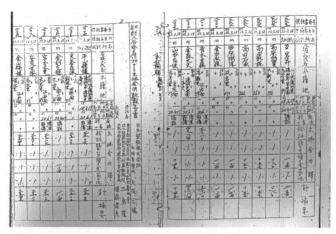

〈그림 35〉 조선출신노무자미급여금예저금등명세서 수록 내역

앞에서 살펴본 『조선인 노동자에 관한 조사결과』에서 2,761명이 국민징용령에 의한 피징용자였다. 피징용자들의 인적정보는 국민징용령 규정에 따라 반드시 파악해야 하는 필수 항목이었다. 국민징용령 외 관알선이나 모집의 경우에도 본적지 정보는 기업이 반드시 파악해야 하는 항목이었다. 더구나 야하타제철소는 함선이나 비행기에 필요한 철강을 제련하는 곳이었으므로 군이 하사관을 파견하고 헌병이 상주하는 곳이었다. 얼마나 관리가 철저했는지 알 수 있다. 그러한 곳에 동원한 노무자의 본적지 정보를 기업이 파악하지 못하고 있다는 것은 상식적으로 있을 수 없는 일이었다. 그런데도 공탁 관련 명부에서는 일부의 본적지(전북)만을 기재했다. 일반적으로 작업장에서는 본적지별로 반을 구성해 운영했는데, 전북반의 공탁 자료만 본적지를 밝힌 것이다. 의도성을 의심하지 않을 수 없으나 이유는 알 수 없다.

5. 조선인의 경험 세계

1) 소년 징용공 이천구의 제철소 탈출기

야하타제철소는 수천 명의 조선인을 동원한 군수공장이었다. 많은 피해자 가운데에는 어린 소년이 있었다. 충남 서천군 출신의 이천구다.[18]

그는 1942년 9월, 만 14세 나이로 야하타 제철소로 끌려갔다. 호적으로는 1929년생인데 실제 나이는 1927년생이다. 부모님이 함경북도 무산에서 태어나서 충남으로 이사하다 보니 아이의 출생신고에 신경 쓸 여유가 없었다. 호적상 1929년생이니 호적으로만 보면, 12세였으니 강제동원 법령 어디에도 해당하지 않는 나이였다. 실제 나이로 따져도 고작 열 네 살의 어린 아이였을 뿐이었다.

1942년 9월 어느 날, 한산면 연봉리 마을에 면사무소의 호적계 직원(면서기)이 이장을 앞세우고 나타나 징용 갈 집을 정하러 다녔다. 당시 이장은 구장이라고도 불렀다. 면서기는 지역 사정을 잘 아는 이장을 앞세워 징용 갈 집을 정하게 했다. 이장이 어느 집에 들어서면, 면서기가 나서서 설명했다. "너 이제 징발되었으니까 며칠까지 면사무소로 오라"는 통보였다. 어디로 간다고 알려주지 않았다. 남양이나 홋카이도 탄광은 아니고 안전지대로 가는 것이라고만 했다. 도망이고 뭐고 없다. 달아나봤자

---

18) 위원회가 발간한 구술기록집(일제강제동원피해진상규명위원회, 『똑딱선 타고 오다가 바다 귀신될 뻔 했네』, 2006)에 수록

부모들이 고통을 당하니까 시키는 대로 해야 했다. 고향인 연봉리에서 두 명이 뽑혔다.

징용을 통보받고 이틀인가 삼일인가 있다가 면사무소로 가서 머리카락을 바짝 자르고 집에서 만들어 준 물 들인 무명옷을 입었다. 머리카락이 짧으니 더 어려 보였다. 이 옷을 입고 나중에 일본에 가서 사진도 한 장 박았다. 면사무소에는 한 열 몇 명 있었다. 명부 같은 거 내놓고 이름 쓰라고 해서 이름만 썼다. 이천구는 간이학교를 1년 다니다 말아 다른 글은 읽지 못하지만 이름 정도는 쓸 줄 알았다. 면서기는 한산면 18개 마을에서 모은 사람을 군청으로 데려갔다. 그리고 기차를 타고 충남 도청이 있는 대전으로 데려갔다. 대전에 가보니 수백 명 이상의 사람들이 있었다. 다시 기차를 타고 부산에 가니 삼천 명도 넘는 사람들이 모여 있었다.

군복을 입은 일본인이 인솔했다. 인솔자는 견습사관인데 계급이 하사관이었다. 어깨에 금줄이 네 개나 달려 있었다. 견습사관은 육군에서 사관후보생이나 간부후보생이 소위로 임관하기 직전 일정 기간 복무할 때 관명이다. 그러므로 현역 장교이다. 그런데 왜 견습사관이 인솔했을까. 이천구가 가야하는 곳이 일본군이 나와서 관리할 정도로 중요한 곳이었기 때문이다.

소년은 일본 군인을 보고 겁이 나서 몸이 벌벌 떨렸다. 조금만 잘못하다가는 따귀를 맞을 판이었다. 나중에 들으니 인솔자 가운데에는 회사 사람들도 있었다고 했는데, 하도 겁이 나서 누가 회사 사람인지 구분도 못했다.

인솔자들은 삼천 명이나 되는 사람들을 여관에다가 방 한 칸에 일곱 명씩 집어넣고 주먹밥을 주었다. 다음 날 아침이 되자 1소대, 2소대, 3소대 이런 식으로 정렬해 인원 점검을 한 후 연락선 계단으로 올라가라고 했다.

연락선을 탈 때 양쪽으로 일본 헌병이 쭉 늘어서 있었다. 연락선은 5~6층 정도 되는데, 배 양쪽에 포와 기관총을 단 전함이 있었다. 전함의 호위를 받으며 출발했다. 하늘에서는 비행기가 호위하고 있었다. 미군 공격을 피하기 위해 그런 것이라고 했다. 남해바다에서 미군 비행기 공격을 받거나 잠수함에 격침된 배도 여럿이라고 했다. 소년은 군인이 인솔하는 이유가 이런 것이로구나 하고 생각했다.

일본 공장에 도착해 료(寮)라고 부르는 기숙사에 들어갔다. 료는 2층집인데 담장 밖에 철조망이 둘러 있고, 조선 사람을 지키는 일본인 초소가 여기저기 있었다. 거기서 인원 파악을 한 후 방을 정해주더니 방문 앞에 이름과 번호를 써서 붙였다. 방 하나에 일곱 명씩 들어갔다. 다락처럼 달려 있어서 밑에서 둘이 자고 위에서 둘이 자는 식이다. 나머지는 대충 끼어 자야 하니, 좁아터질 지경이었다.

아침저녁 식사는 식당에서 먹었는데, 콩깻묵과 안남미라는 양쌀을 섞어 스팀으로 찐 밥을 저울로 달아서 딱 100그램씩 담아주었다. 100그램이면, 어른 한 주먹이 조금 넘는 양이다. 거기에 된장국 반 공기와 단무지 두 쪽, 조린 콩 한두 알이 전부였다.

아침 식사 후에는 모여서 인원 파악을 하고는 바로 옆의 공장으로 갔다.

점심 도시락은 없고 현장에서 끓여주는 잡탕죽을 먹었다. 드럼통 반 자른 거 같은 통에 먹다 남은 양쌀, 콩깻묵, 호박 이런 거 섞어서 죽을 쑨 다음 큰 양은 도시락 같은 그릇에 국자로 하나씩 담아주었다. 그것을 받아 땅바닥에 앉아서 먹었는데 한 국자 이상은 주지 않았다. 그리고는 하루에 담배를 여섯 개비씩 주었다.

공장 안은 엄청나게 컸다. 지름이 40리나 된다고 했다. 공장 안에 비행기도 들어오고 군함도 들어와 있었다. 이천구는 암모니아 비료인지 생산하는 곳에 배치받았다. 큰 드럼통에 구멍이 수십 개 뚫려 있는데, 솜방망이 같이 긴 것으로 구멍을 쑤시는 일이었다. 기계가 막히지 않고 돌아가게 하려는 것이라 했다. 공장 청소도 했다. 기술자들은 용접도 하고 폭탄이나 총탄도 만들고 그랬지만 천구는 기술이 없으니 막일을 했다. 하역작업도 했다. 트럭에 짐을 실고 내리고, 짐을 이리 옮기고 저리 옮기고. 어린 나이에도 힘쓰는 일은 다 했다.

공장에는 외국인 포로들이 몇 백 명이나 있었다. 포로들은 공장 안까지 열차를 타고 들어왔다. 공장에서 제일 힘든 일은 힘 쓰는 일이었는데, 백회(白灰) 40킬로, 시멘트 40킬로, 석탄 나르는 일이었다. 포로들은 주로 그런 일을 했다. 조선 사람들은 포로들과 같이 일했다. 조선 사람들은 감독관이 있나 없나 보다가 없으면 바닥에 십자가 모양을 그려서 보여주곤 했다. 그러면 포로들도 좋아하며, 하트 모양을 그려서 답했다. 포로들도 조선 사람들이 자유의 몸이 아니라는 것을 알고 있었다. 같이 감시당하는 처지였으니 모를 리 없었다.

천구는 담배를 피우지 않으니 모아두었다가 가끔 포로들에게 주었다. 그러던 어느 날, 담배를 주다가 감독관에게 걸렸다. 감독관은 "입 다물어! 입 꽉 물어! 너 스파이야? 너 지금 미국 놈하고 무슨 이야기 한 거야! 나쁜 간첩 놈아!"하며 악을 썼다. 싹싹 빌어서 간신히 뺨 몇 대 맞고 끝났다. 그런 일이 있은 후에는 담배를 피우는 척 불 붙이다가 슬쩍 떨어트리는 방법으로 주었다. 천구는 담배 한 개비도 구하기 어려운 포로들을 돕고 싶었다. 천구만이 아니었다. 조선 사람이든 포로든 그렇게 서로 도우며 지냈다.

일은 힘들었다. 그러나 일보다 더 고통스러운 것은 공습과 배고픔이었다. 허기는 어찌어찌 참는다지만 공습은 피할 수 없었다. 매일 퍼부어대는 공습은 공포 그 자체였다. 밤이 되면 숙소의 불도 켜지 못하고, 안은 빨갛고 밖은 까만 커튼을 치고 잤다. 밤 8시가 조금 지나거나 새벽이 되면 경계경보가 발동된다. 성한 사람은 방공호에 들어가지만 아픈 사람은 죽어도 방법이 없었다.

경계경보가 내리고 5분 정도 지나 바로 공습경보가 떨어지면서 곧장 여기저기에서 폭탄 터지는 소리가 그치지 않았다. 방공호에 들어가서 밖을 내다보니 비행기가 편대로 지나가면서 하늘에 줄기 같은 연기를 남겼다. 어떤 사람은 몇 천 대라고 하는데,

그렇게 많은 것 같지는 않지만 하늘에서 소이탄이라는 폭탄이 새까맣게 내려왔다. 하늘에 담요를 깔아놓은 듯 했다. 융단폭격이라는 거다. 폭탄이 바닥에 떨어지면 목조건물은 물론 시멘트도 철근 기둥도 다 녹아버린다. 폭탄 속에 기름 주머니가 들어 있으니 땅에 떨어져도 계속 지글지글 탔다. 온 천지가 불구덩이가 되었다. 소이탄은 육각 모양인데 폭탄 하나에 작은 폭탄이 여러 개 들어 있어 하나만 떨어트려도 수십 개의 폭탄이 터지는 꼴이다.

〈 소이탄 〉

폭탄, 총포탄, 로켓탄, 수류탄 등 탄환류 속에 소이제燒夷劑를 넣었다 해서 붙여진 이름.

사용되는 소이제에 따라 황린黃燐 소이탄, 터마이트termite 소이탄, 유지油脂 소이탄으로 분류. 소이탄의 크기는 여러 가지가 있으나, 직경 30cm 정도, 길이 50cm 정도의 원통형 함석.

일본에 투하한 것은 대부분 기름을 넣은 유지 소이탄.

보통 쓰이는 150~400갤런짜리 폭탄을 투하하면 2000℃의 고열을 내므로 소이탄 한 발로 2500㎡ 면적을 태울 수 있을 정도의 대단한 화력.

소이탄은 제2차 세계대전 중 필리핀 작전 시 미군이 처음 사용했고, 일본 본토 공습, 한국전쟁과 베트남 전쟁에서 큰 효과를 거두었다.

소이탄이 도로에 떨어지면 불꽃이 여기저기 옮겨붙으면서 기름과 섞여 화력은 더욱 강해진다. 그 때문에 인명과 재산 파괴는 가공할 정도였다.

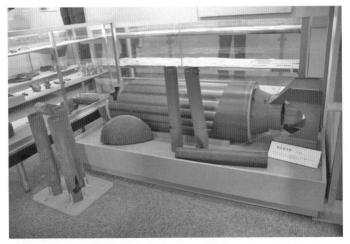

〈그림 36〉 소이탄 모습(도쿄대공습전재자료센터 소장 사진. 2010.2.27 수요역사연구회)

낮에는 잠잠하다가 꼭 밤이 되면 이렇게 하늘에서 포를 쏘아 대는 통에 잠은 고사하고 불안해서 살 수가 없었다. 매일같이 저녁마다 그야말로 아비규환이었다. 이천구도 소이탄 껍데기에 스쳐 얼굴이 찢어져서 여섯 바늘이나 꿰맸다. 남들은 다행이라고 했지만 이러다가 죽을 것 같았다. 일본도 나름대로 방비를 한다고 공장 옥상이나 산 높은 지대에 포진지를 만들어 대비했다. 그런데 아무 소용 없었다. 미군 비행기는 정찰기가 먼저 오니까 일본군은 그 때부터 준비해서 B-29가 오면 포를 쏘지만, 포는 비행기 가까이 가지도 못하고 떨어져 버렸다. 그걸 보고 있자니 이 공장에서는 살 희망이 없어 보였다.

아침마다 폭격 맞은 공장 기계를 치우는 게 일이다. 이렇게 큰 기계가 부서지는 마당인데 방공호 하나쯤 부수는 것은 일도 아닐 것 같았다. 미군은 군수공장이나 군부대가 있는 지역에 공습한다고 했다. 야하타제철소는 워낙 큰 공장이어서 계속 공습하는 것이라 했다. 살려면 이 공장을 탈출해야 했다.

공장에서 우연히 이마무라(今村) 제작소라는 철물공장에 다니는 기술자와 알게 되었다. 함경도 출신의 동포였다. 전쟁 일어나기 전부터 일본에 돈벌이 와서 계속 살고 있다고 했다. 이마무라 제작소는 천구 소년이 일하는 야하타제철소에서 멀지 않은 와카마쓰(若松)라는 곳에 있는데, 조선 사람만 있는 군수공장이라 했다. 모지(門司)를 지나면 와카마쓰라고 했다. 기술자 형님은 기계를 손 봐주러 오곤 했다.

어느 날 이천구는 형님에게 "아! 이거 언제 죽을지도 모르고 돈 번다는 것은 희망도 없고, 살아서 나가면 좋은데, 어떻게 해야 모르겠다"고 하소연했다. 그러자 형님이 우리 공장은 공습이 별로 없으니 괜찮을 것이라 했다. 이 공장을 빠져나오기만 하면 자기가 숨겨주고 이마무라 제작소에서 일해서 돈 벌게 해주겠다고.

공장 탈출은 쉬운 일이 아니었다. 도중에 잡히기라도 하면 맞아 죽을 판이다. 그런데 생각해보니 이 공장에서 폭격 맞아 죽으나 탈출하다 잡혀 죽으나 죽는 것은 한 가지였다. 더구나 야하타제철소는 월급은커녕 용돈도 한 푼 주지 않는 데다가 일요일도 없이 매일 일을 시켰다. 아침 7시에 공장에 가면 저녁 6시가 되도록 쉴 새 없었다. 외출도 못하고 공장에 갇혀서 일만 해야 했다. 이렇게 갇혀 있다가 폭탄 맞아 죽으면 정말 억울할 것 같았다.

1944년초, 소년은 탈출했다. 공장 탈출은 생각보다 쉬웠다. 형님과 약속하고, 새벽까지 기다렸다. 새벽은 보초들이 잠을 이기지 못하고 조는 시간이다. 2층에서 밖을 내다보니 보초가 보이지 않았다. 얼른 내려와 철조망을 넘었다. 전차를 타고 와카마쓰의 이마무라공장으로 갔다. 공장 정문에 가서 가네야마를 찾으니 형님이 나왔다. 그곳에서 철판 나르고, 절단하고, 청소하는 잡일을 했다. 이마무라공장도 야하타제철소와 같은 군수공장이었지만 자유로웠고, 외출도 가능했다. 그런데 1945년 6월이 되니 그곳에서도 공습이 있었다. 가네야마 형님은 이제 일본에서 공습이 없는 곳은 없다고 했다. 이제 더 이상 숨을 곳도 없었다.

그러다가 이마무라 제작소에서 해방을 맞았다. 어느 날 공장에서 중대 발표가 있다고 해서 공장 사람 모두가 라디오 방송을 들었다. 항복한다는 내용이라고 했다. 동네에 나가보니, 일본 사람들이 "우리는 이제 어떻게 삽니까!"하며 땅을 치고 울었다. 당시 일본 사람들은 개인별로 2m나 되는 죽창을 만들어 식구 수만큼 가지고 있었다. 대나무 끝을 뾰족하게 깎아 부러지지 않게 촛불로 구운 후 구멍을 뚫어 손잡이까지 만든 죽창이었다. 그동안 일본인들은 미군이 상륙하면 1대 1로 찔러 죽이고 자신도 죽는다는 말을 입에 붙이고 살았다. 평소에도 늘 "조센징, 조센징!"하면서 욕하고 때리던 사람들인데, 전쟁에 졌다고 괜히 죽창으로 화풀이라도 하면 큰일이었다. 게다가 공장에는 철

판이 많으니 일본 사람들이 들어와서 얼마든지 날카로운 무기를 만들 수 있었다. 이천구는 일본 사람들이 무서웠다. 그래서 '돈은 못 벌었지만 살아남은 것이 어디냐'는 생각에, 공장을 나와 고향 가는 배를 타기 위해 시모노세키로 갔다.

소년 이천구가 시모노세키에 도착한 것은 9월 20일경이었다. 조선 사람들이 홋카이도, 오사카, 도쿄, 나고야 이런 데서 시모노세키로 몰려들었다. 70만 명이 몰려왔다고 할 정도로 많았다. 날은 덥고 숙소도 마땅치 않은데, 배는 구하기 힘들었다. 그러다 보니 죽어 나가는 사람도 있었다. 굶어 죽거나 병에 걸려서 하루에도 몇 십 명씩 죽어 나갔다. 이러다가는 고향에도 못 가고 항구에서 죽을 것 같았다. 어쩌다 배를 구해 출항한다 해도 태풍으로 떼 죽음당하는 일도 적지 않다고 했다. 더구나 돈 한 푼 없으니 돈이 많이 드는 밀배를 구하기도 어려웠다.

막막한 상황에서 어떤 사람이 오더니, 시신을 치워주면 승선권을 구해주겠다고 했다. 얼른 따라나섰다. 모자와 마스크, 하얀 장갑을 쓰고, 큰 대나무와 가마니로 만든 들것을 들고 두 명이 함께 시신 치우는 일이었다. 들것에 시신을 싣고 작은 배를 타고 150m 이상 가서 바다에 던졌다. 이 일을 열흘간 해서 연락선 승선권을 구해 배에 올랐다. 연락선을 타기 전에 보니, 시모노세키 옆에 줄지어 있던 창고가 폭격 맞은 지 한 달도 넘었는데, 계속 타고 있었다. 콩을 한 됫박 가지고 가서 볶아 옆구리에 차고 배에 올랐다. 배는 고픈데 먹을 것이 없으니 다들 통을 들고 수도 파이프 앞에 가서 줄을 섰다. 몇 백 명씩 줄을 선 곳에 가서 섰다가 간신히 수도 파이프가 새서 솟구치는 물을 조금 받아 볶은 콩과 같이 먹으며 견뎠다.

부산에 내리니 정말 굉장했다. 큰 깃발에 '함경북도', '평안북도', '충청남도' 이런 거 막 쓰고, 고깔 쓴 도민들이 북을 치며 환영해주었다. 주먹밥도 달라는 대로 주었다. 일본에서는 한 개이상은 절대로 주지 않았는데, 고향에 오니 두 개든 세 개든 달라는 대로 주었다. 기차도 무료였다. 대구도 무료, 대전도 무료, 다 무료로 태워주었다. 해방이 되니 이렇게 좋은 세상이 된 것이다. 태어나서 처음으로 신바람이 났다. 이 기차를 타면 고향으로 갈 수 있었다. 고향에 가려면 대전에 내려 장항으로 가는 기차로 갈아타야 했으나 소년은 대전에 내리지 않고 서울까지 갔다. 가난한 고향에 빈손으로 갈 수 없었기 때문이다.

서울로 와서 남대문에서 노숙자 생활을 하며 막노동을 했다. 해방 직후 미군이 조선에 갇혀 있던 포로들 먹으라고 큰 수송기로 물건을 가득 담은 상자를 낙하산에 실어 내려보냈다. 포로들은 풀려나서 부대를 편성하고 있었다. 상자 안에는 없는 물건이 없었다. 군모도 있고, 무기도 있고, 먹을 것도 있었다. 또한 일본군을 무장해제해서 받아 놓은 무기가 용산 삼각지 부대 운동장에 쌓여있었다. 그 짐을 날라주고 돈을 조금 받고, 신당동 하천 공사장에 가서 일하며 돈을 조금 모았다. 그리고 몇 달 지나 고향으로 돌아갔다. 서울에서 기차를 타고 강경까지 간 후 금강을 넘어 부여로 들어가야 하는데 당시 시국이 수선해서 그런지 기차가 낮에는 가지 않고 밤에만 다녔다. 어찌어찌해서 간신히 고향 집을 찾아갔다. 이렇게 이천구 소년은 해방 다음 해에 그리운 집으로 돌아갔다. 여전히 만 열 여덟 살의 소년이었다.

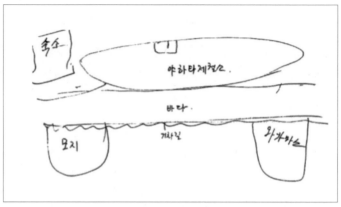

〈그림 37〉 이천구가 직접 그린 야하타 제철소 주변 약도(국무총리 소속 일제강제동원피해진
상규명위원회, 『똑딱선 타고 오다가 바다 귀신될 뻔 했네』, 2006, 216쪽)

〈그림 38〉 입소 당시 앳된 모습의 소년(『똑딱선 타고 오다가 바다 귀신될 뻔 했네』, 198쪽)

2) 평화를 나누는 강금순 – 야하타제철소의 잡역부

2001년 10월 18일자 『경향신문』의 창간 특집은 '재일동포 1세대 강금순 할머니' 기사로 전면을 장식했다. 강금순은 일본 규슈(九州) 지역의 여러 소학교(한국의 초등학교에 해당)에서 강연하고 있었다. 강연을 다닐 때마다 맏딸과 넷째 아들이 함께 했다. 한복을 입은 손녀들이 같이 다닐 때도 있다.

강금순의 강연은 1986년부터 시작되었다. '강제연행을 생각하는 모임'을 주도하던 넷째 아들 배동록(裵東錄)의 권유로 시작하게 되었다. 처음에는 "학교도 못 다닌 내가 어떻게 강연하냐"고 망설였지만, '어머니의 경험이 그대로 땅속에 묻히는 것은 안타까운 일'이라는 설득에 나서게 되었다.

어머니를 설득해 일제강점기의 역사를 일본의 아이들에게 알리는 일에 나선 배동록은 1943년에 태어나 기타큐슈시에 살면서 자비로 사무실을 마련해 조선인 강제동원의 역사와 일본의 전후 배상 문제를 다음 세대에게 전하고 있다. 그 가운데에는 야하타제철소의 강제동원을 규명하는 일도 포함되어 있다. 그가 이런 일에 정성을 기울이는 것은 남의 일이 아니기 때문이다. 그의 부친 배봉곤은 야하타제철소의 징용공이었다. 그러나 야하타제철소에서 일한 사람은 아버지만이 아니었다. 어머니 강금순도 제철소의 가혹한 노동을 경험하며 일곱 명의 자식을 키웠다.

강금순은 1911년 경남 합천에서 태어났다. 장녀로서 남동생

이 5명이나 있었다. 강금순의 할머니는 베짜기 명수였고, 논밭을 조금 가진 소농의 집안이었다. 그런데 어느 날 일본인이 와서 아버지에게 '토지의 등록 수속을 하라'고 하면서 억지로 토지서류에 인감을 눌렀다. 얼마 되지 않은 전답을 빼앗은 것이다. 그 와중에 강금순이 다섯 살 때 심장병으로 어머니가 사망했다. 학문에 뜻을 두었던 아버지는 아이들을 모두 처가에 맡겨두고 재혼을 했다.

강금순은 열일곱 살이 되던 1927년에 아버지의 뜻에 따라 배봉곤(裵鳳坤)과 혼인했다. 그러나 시댁이 너무 가난했으므로 혼인을 한 후에도 친정(외가)에 그대로 살며 가끔 남편을 만날 뿐이었다. 시아버지가 돌아가시자 시누이와 시동생 등 4명을 키우며 살았는데, 너무 먹을 것이 없어서 이러다가는 모두 굶어 죽을 것 같았다. 아이가 4명이었는데, 사는 게 막막했다. 맏아들은 일곱 살이 되었는데, 돈이 없어서 학교에 보낼 수 없었다. 그러나 공부를 너무 좋아하는 맏아들의 소망을 저버릴 수 없어서 강금순이 친정에 가서 학비를 마련해왔다. 아이에게 "학교에 가게 되었다"고 하자 밥 먹는 것도 잊은 채 뛸 듯이 기뻐했다.

남편은 자식들을 위해서라도 일본에 가서 돈이라도 벌어야겠다고 결심을 했다. 1940년, 야하타제철소에서 모집하러 나왔다. 하루 일당을 2원이나 준다고 약속했다. 거짓이라는 것은 나중에 알았다. 남편이 제철소에 가보니, 일당은 1원 50전이었는데, 강제로 저금을 50전씩 뗐다. 남은 돈에서 다시 이것저것 떼고 나니 집으로 송금은 한 푼도 할 수 없었다. 임금은 있었으나 아무 의미 없는 임금이었다.

그런 사실을 몰랐던 강금순의 남편은 그 약속을 믿고 야하타 제철소로 떠났다. 그러나 남편이 돈을 보내주지 않아 고향에서 아이들과 살 수 없었다. 강금순은 남편을 따라가기로 마음을 먹었다. 떠날 때 친정아버지가 주머니에 100엔을 넣어주며, "네 목소리를 듣는 것도 마지막이 될 것 같다"며 슬퍼했다.

1942년 12월 30일, 강금순은 아이들을 데리고 남편을 찾아 일본으로 떠났다. 강금순은 큰 보따리에 이불, 남편의 한복과 모자, 간장·고추장 등 먹을 것, 솥과 냄비 등을 담아서 부두에 나갔다. 시동생 집에서 하루를 보낸 후, 버스로 대구로 가서 대구에서 기차로 부산에 도착했다. 배를 탔는데, 풍랑이 어찌나 심하던지 이대로 배가 가라앉을 것 같았다. 12월 31일, 시모노세키에 내리자 남편이 마중 나와 있었다. 남편은 당시 막내였던 동희를 안고 가족들을 데리고 일단 친구 집으로 갔다. 다음 날이 양력 설날이었지만 아이들에게 신발 하나도 사 줄 수 없었다. 일본의 생활은 조선에서보다 더 비참한 상태였다. 다음 날 야하타제철소의 사택(하청 소속)에 들어갔으나 이불도 없었기에 6명의 가족들은 오들오들 떨면서 밤을 지새웠다.

제철소에 도착한 후 강금순도 잡일을 하기로 했다. 아침 일찍부터 저녁 늦게까지 해야 하는 일이었으므로 집안일은 맏딸인 동선에게 맡길 수밖에 없었다. 사택에서 제철소까지는 산길을 가야 했는데, 길이 험해서 신발이 찢어져 발이 돌에 채여서 걷는 것이 고역이었다. 일을 마치고 너무 피곤해서 노면전차라도 타려고 하면, 차장이 "옷이 더러우니까 탈 수 없다"며 거절했다. 돈도 없었지만 승차 거부로 전차도 탈 수 없었으므로 늘 걸어 다녔다.

강금순이 했던 일은 항구에 쌓아둔 철광석을 화차에 옮기는 일이었다. 화차 1대당 4명씩 일했는데, 모두 조선인 여성들이었다. 그런데 이 일은 여성이 하기에 너무 힘겨운 일이었다. 드럼통에 담은 철광석이 너무 무거워서 화차에 올리다가 떨어져 죽는 사람도 있었다. 땀을 비오듯 흘리며 소금물로 연명하며 일했다. 너무 힘들어서 탈출하는 동포들도 많았다.

임금은 하루 1원으로 5일마다 받았는데, 여러 명목을 붙여 국방저금을 하도록 했으므로 남는 돈이 별로 없었다. 해방 후에 통장을 가지고 반환을 신청했으나 돌려주지 않았다. 사택에서 강금순의 집은 가장 가난했다. 간신히 목숨을 부지할 정도였다. 일을 쉬는 날에는 산에 가서 나물을 뜯고, 일본인들이 버리는 돼지 껍질을 사서 아이들의 배를 채웠다. 거기에 전쟁통이라고 감자 한 개도 구하기 어려웠다. 암시장에라도 가서 사고 싶었으나 걸리면 모두 빼앗겼으므로 감자조차 배불리 먹을 수 없었다.

1945년이 되자 미군 비행기가 공습하는 날이 자주 있었다. 공습경보가 울리면 어린 동록을 등에 업고 다른 아들과 딸의 손을 잡고 방공호로 피했다. 공습이 너무 심해서 제철소의 기계가 멈추는 일도 있었다. 그러면 그나마 작은 남편의 월급은 더 줄어들었다. 8월 8일 야하타 대공습은 큰 피해를 주었다. 하늘에서 폭탄이 비처럼 떨어지고, 땅은 온통 불바다가 되어 발을 디

딜 곳이 없었다. 그 넓은 전찻길도 열풍으로 죽은 사람이 가득할 정도였다.

그렇게 해방을 맞았다. 고향으로 돌아가려고 몇 번이나 준비했으나 도저히 여비를 마련할 수 없었다. 당시 일당으로 감자도 사 먹을 수 없었기 때문이다. 강금순은 그렇게 남아서 "일본 땅 한 구석에 손톱자국이나 발톱자국 만큼이라도 재일동포의 역사를 남겨야 한다"는 일념을 실천하다가 2004년 11월 서거했다.[19]

6. 완전한 역사를 공유하기 위해

2015년 7월 5일, 독일 본에서 열린 제39차 세계유산위원회(WHC)에서 일본은 세 가지를 약속했다.

첫째는 이코모스(ICOMOS)의 권고를 존중(respect)하고 충실하게 이행(sincerely respond)하겠다는 약속이었다. 이코모스의 권고란, '각 현장의 완전한 역사를 이해하는 해석전략을 마련하라'는 것이었다.

두 번째는 강제동원 인정이었다. 1940년대 한국인 등이 자신의 의사에 반하여 가혹한 환경에서 강제 노동을 했다는 사실을 이해하는 데 '필요한 조치를 취할 준비가 되어있다'고 밝혔다. 〈표 8〉의 B에서 일본은 '1940년대 일본 정부가 징용(강제동원) 정책을 수행했다'고 인정했다.

---

19) 小熊英二·姜尚中 編, 『在日1世の記憶』, 集英社, 2008, 13~22쪽

세 번째는 희생자 기억 조치에 대한 약속이었다. 일본 측은 '희생자를 기억할 수 있도록 정보센터 건립과 같이 적절한 수단을 해석전략에 포함할 준비가 되어 있다'고 약속했다.

〈표 8〉 ARGO인문사회연구소, 『주요 유네스코 세계유산 전시정책 분석』, 2021(비공개), 11쪽

일본 대표 발언	
A	The Government of Japan respects the ICOMOS recommendation that there was made from technical and expert perspectives. Especially, in developing the "interpretive strategy", Japan will sincerely respond to the recommendation that the strategy allows "an understanding of the full history of each site."
B	More specifically, Japan is prepared to take measures that allow an understanding that there were a large number of Koreans and others who were brought against their will and forced to work under harsh conditions in the 1940s at some of the sites, and that, during World War II, the Government of Japan also implemented its policy of requisition.
C	Japan is prepared to incorporate appropriate measures into the interpretive strategy to remember the victims such as the establishment of information center.

그러면, 일본은 이 약속을 지켰을까. 그렇지 않다.

2017년, 일본 측은 세계유산위원회에 이행보고서를 제출했다. 보고서에서 일본 측은 첫째 '한국인 노무자를 포함, 노무자 관련 정보를 수집'하고 있으며, 둘째 각 현장별 OUV(탁월한 보편적 가치)를 명확하게 전시하려 하고 있으며, 셋째 '각 현장의 완전한 역사'와 관련된 '고도의 연구와 조사'가 추진되어야 하고, 그 결과를 적절한 매체를 통해 '공개'해야 하며, 네 번째 산업유산정보센터를 '싱크탱크(think tank)'로 운영한다고 밝혔다. 일본 정부가 제2차 세계대전 중 국가총동원법 아래에서 노무자 징용정책

을 실시했다는 사실은 인정했으나 조선인에 대해서는 '전쟁 전·중·후 수많은 한반도 출신자들이 일본의 산업을 지원했다'고 서술했다.

2017년의 일본이 제출한 이행보고서는 2015년의 약속과 차이를 보이고 있다. 이에 대해 세계유산위원회는 '2015년 결정문 권고사항을 완전히 이행할 것'을 요구했다. 그러나 2019년과 2020년에도 일본 측은 강변을 늘어놓으며, 자신들이 한 약속을 지킬 의지를 보이지 않았다. 오히려 2020년 3월 31일 도쿄에 개설한 일본 산업유산정보센터(IHIC)를 역사왜곡의 현장으로 운영하고 있다.

이에 2021년 7월에 열린 제41차 세계유산위원회는 의제 결정문에서 메이지산업유산의 관련 후속조치를 점검하고 "당사자국(일본)이 관련 결정을 아직 충실히 이행하지 않은데 대해 강하게 유감"을 표명하고, 결의문에서 2022년 12월 1일까지 도쿄의 산업유산정보센터를 개선하라고 일본 정부에 요구했다. 구체적으로는 한국인 등이 강제노동 피해를 입었다는 사실을 제대로 알리지 않았고 희생자들에 대한 추모 조치 역시 미흡했다고 지적했다.

그러나 이후에도 일본 정부는 개선 노력을 전혀 보이지 않고, 오히려 2022년 2월에 니가타(新潟)현 소재 사도(佐渡)광산을 세계유산으로 등재 신청하면서 또 다시 조선인 강제동원의 역사를 제외하는 행태를 거듭하고 있다. 세계유산위원회에 대한 모욕과 조롱이 아닐 수 없다.

〈그림 39〉 야하타제철소를 이용한 일본 기타큐슈시의 홍보물
(2021년 10월 26일 김종구 촬영)

〈그림 40〉 야하타제철소의 세계유산 홍보 리플렛

　일본은 왜 이렇게 세계유산위원회에 한 약속을 저버리고, 오히려 모욕과 조롱으로 맞서고 있을까. 세계유산을 역사왜곡의 도구로 사용하려 하기 때문이다. 세계시민을 대상으로 완전한 역사를 공유해야 하는 책무를 방기하고, 침략전쟁과 식민지배에 대한 미화와 왜곡의 수단으로 삼고자 하기 때문이다.

　이러한 잘못된 의도를 수정하고 유네스코 정신에 입각한 역사인식을 공유하도록 하기 위해서는 세계 시민들의 부단한 노력이 필요하다. 노력 가운데 하나는 제대로 아는 일이다. 지금도 기타큐슈시는 세계유산 야하타제철소 홍보물을 이용해 관광을 독려하고 있다. 야하타제철소가 작성 배포 중인 홍보 리플렛에서 일제 침략전쟁의 강제동원은 찾을 수 없다. 찬란한 역사만이 있을 뿐이다.

　현재 찾을 수 없는 강제동원의 역사를 복원하는 일은, 세계 시민이 완전한 역사를 공유하는 길이기도 하다. 이를 위해 우리가 할 일은 이곳에 강제동원의 역사가 있었음을 기억하는 일이다.

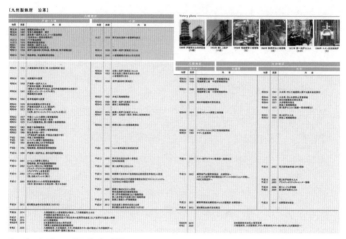

〈그림 41〉 홍보 리플렛의 연혁

〈참고문헌 〉

『시대일보』, 『매일신보』

상공성 광산국 편, 『製鐵業參考資料』, 일본철강협회, 1933.

日本製鐵株式會社史編纂委員會, 『日本製鐵株式會社史 1934〜
    1950』, 1959.

金英達, 『朝鮮人强制連行の研究』, 明石書店, 2003.

長野暹 編, 『八幡製鐵所の研究』, 日本經濟評論社, 2003.

국무총리 소속 일제강제동원피해진상규명위원회, 『똑딱선 타고 오다가
    바다 귀신될 뻔 했네』, 2006.

오구마 에이지 지음, 한철호 옮김, 『일본이라는 나라?』, 책과함께, 2007.

小熊英二·姜尚中 編, 『在日1世の記憶』, 集英社, 2008.

제주대학교 산학협력단, 『2020 국가기록원 소장 강제동원 명부 현황조
    사·분석 연구』, 2020.

허광무·정혜경·오일환, 『일제 강제동원, 정부가 중단한 진상규명』, 도
    서출판 선인, 2020.

ARGO인문사회연구소, 『주요 유네스코 세계유산 전시정책 분석』(비공
    개), 2021.

古庄正, 「日本製鐵株式會社の朝鮮人强制連行と戰後處理」, 『駒澤대학
    경제학논집』25-1, 1993.

清水憲一·松尾宗次, 「創立期の官營八幡製鐵所」, 『八幡製鐵所の研
    究』, 日本經濟評論社, 2003.

정혜경, 「기억에서 역사로 : 일제 말기 일본제철(주)에 끌려간 조선인 노
    동자」, 『한국민족운동사연구』41, 2004.

정혜경, 「일제말기 조선인노무자 공탁금 자료, 세 가지-미시적 분석을 통해 본 공탁금 문제」, 『일제강점기 조선인 피징용 노무자 미수금 문제』, 도서출판 선인, 2015.

허광무, 「일제말기 강제동원 조선인 노무자의 미불금 피해실태」, 최영호 외, 『강제동원을 말한다 : 일제강점기 조선인 피징용 노무자 미수금 문제』, 도서출판 선인, 2015.

『경향신문』, 2001년 10월 18일, 「역사 속의 마지막 한인3 - 재일동포 1세대 강금순 할머니」

연합뉴스, 2013년 12월 24일, 「일정부, 조선인 군인군속 명부 증발 은폐 방치」

[부록] 규슈·야마구치 근대화산업 유산군 중 강제동원 관련 시설 현황

연번	유적지명		소재지	유적 유형	강제동원 관련
1	하기(萩) 산업화 초기 유산군	하기(萩) 한샤로(反射爐)	야마구치현 (山口縣) 하기시 (萩市)	18~19세기 제철시설	없음
2		에비스가하나 조선소 유적		하기번(萩藩) 최초의 서양식 군함 제작소	없음
3		오이타야마타타라 제철 유적		에도시대 철 생산 현장	없음
4		하기성(萩城) 마을 유적		에도시대 전통 건축물 등	없음
5		쇼카손주쿠(松下村塾)		에도시대 말기 교육시설	없음
6	옛 슈세이칸 (集成館)	옛 슈세이칸(集成館)	가고시마현 (鹿兒島縣) 가고시마시	1800년대 말 무기 제작소	없음
7		테라야마(寺山) 탄요적(炭窯跡)		1850년대 목탄 생산시설 (슈세이칸에서 사용하기 위한 목탄연료 생산)	없음
8		세키요시(關吉) 소수구(疎水溝)		용수로(用水路)시설유적 (슈세이 칸 사용한 시설)	없음
9	니라야마(韮山) 한샤로(反射爐)	니라야마(韮山) 한샤로(反射爐)	시즈오카현 (靜岡縣) 이즈노쿠니시	1850년대 제철시설 (무기제작)	없음
10	하시노(橋野) 철광산	하시노(橋野)철광산, 고로(高爐)유적	이와테현 (岩手縣) 가마이 시시(釜石市)	1850년대 용광로 (현존 최고 서양식)	없음
11	미에츠(三重津) 해군시설 유적	미에츠(三重津) 해군시설유적	사가현(佐賀縣) 사가시(佐賀市)	1850년대 사가번 (佐賀藩) 해군시설	없음
12	미쓰비시 중공업㈜ 나가사키 조선소	코스게(小菅) 수선장 (修船場) 유적	나가사키현 (長崎縣) 나가사키시 (長崎市)	1800년대 후반, 오래된 배를 수리하던 시설. 일본 근대 초기 서양식 도크	없음
13		나가사키(長崎)조선소 제3선거(第3船渠)		1905년에 건설한 조선(造船) 시설. 세 차례(1943년, 1957년, 1960년) 확장	조선인, 연합군 포로 동원
		나가사키조선소 대형 크레인		1909년 건설. 현재는 기계공장에서 제조한 증기터빈이나 대형선박용 프로펠러 선적용으로 사용	
14		나가사키조선소 옛 목형장(木型場)		주물(鑄物)제조용 나무틀 제작소 (1898년 건설). 현재 나가사키 조선소 역사 전시시설로 활용	
15					
16		나가사키조선소 센쇼 카쿠(占勝閣)		빈관(1904년 건설)	없음
17	미쓰비시광업㈜ 다카시마 탄광	다카시마(高島) 탄광		탄광	조선인, 중국인 포로 동원지
18		하시마(端島) 탄광		탄광	
19	옛 글로버 주택	옛 글로버 주택		토마스 글로버의 옛집	없음

연번		유적지명	소재지	유적 유형	강제동원 관련
20	미이케(三池) 탄광 미이케항 (三池港)	미이케(三池) 탄광 미이케항(三池港)	후쿠오카현(福岡縣)오무타시(大牟田市)/구마모토현(熊本縣) 아라오시(荒尾市)	미이케 항은 1908년 준공, 미이케탄광 생산 석탄 선적 및 운반시설 역할	미이케 탄광: 조선인, 연합군·중국인 포로 동원지
21	미쓰미니시 (三角西)항	미쓰미니시(三角西)항	구마모토현(熊本縣)우기시(宇城市)	1887년 개항, 메이지시대 대표 토목건설 항만 시설	없음
22	관영(官營) 야하타(八幡) 제철소	관영(官營) 야하타제철소	후쿠오카현(福岡縣) 기타규슈시 (北九州市)	제철소	조선인, 연합군·중국인 포로 동원지
23		야하타제철소 온가천 (遠賀川) 수원지(水原地) 펌프실	후쿠오카현(福岡縣)나카마시(中間市)	야하타제철소 취수시설	없음